U0509708

俄罗斯东欧中亚与世界

高层对话辑要（NO.1）

**RUSSIA,
CENTRAL AND EASTERN EUROPE,
CENTRAL ASIA
AND THE WORLD**

A SELECTION OF
HIGH-LEVEL DIALOGUES (NO.1)

主　编　李永全

副主编　王晓泉

社会科学文献出版社
SOCIAL SCIENCES ACADEMIC PRESS (CHINA)

序

李永全

　　世界正处在大发展大变革大调整时期，和平发展仍然是时代的主题。人类面临诸多挑战，世界也面临诸多不确定性和不稳定性。世界范围内经济危机还没有完全结束，发展问题从来没有这样突出，不仅发展中国家，发达国家也被发展问题困扰。

　　欧亚大陆发展与世界进程密切相连。这一地区政治经济发展具有特殊性。四分之一世纪前一个超级大国的解体彻底改变了欧亚地区的地缘政治格局。如今随着俄罗斯的复兴以及俄罗斯与美国和西方在该地区博弈的加剧、美国当局政策的不确定性以及在欧亚地区采取的一系列有争议的行动，使欧亚地区形势更加扑朔迷离。

　　中国提出"一带一路"倡议在欧亚地区得到积极响应，中国实业界也对欧亚地区投资合作表现出极大兴趣。在欧亚地区，各种发展战略对接意愿和尝试引起各方关注，如"一带一路"与欧亚经济联盟对接合作，16＋1 合作模式，中俄关于建立欧亚经济伙伴关系的对话，等等。

　　在这种形势下，准确把握国际和地区形势发展态势，分析面临的各种问题和挑战，发现并抓住发展机遇，对各国都具有重要意义。

中国社会科学院俄罗斯东欧中亚研究所和中国俄罗斯东欧中亚学会共同举办的"俄罗斯东欧中亚与世界"高层论坛是研究分析预测欧亚形势的重要平台，来自全国各地的著名专家学者以及职能部门领导在论坛上畅所欲言，交流研究成果和体会。在2017年"俄罗斯东欧中亚与世界"高层论坛上，专家学者就国际和地区形势进行交流，在一系列问题上达成共识。

学者对中俄美关系发展对地区形势稳定给予高度重视。中俄美博弈的重点仍在地区层面，即亚洲和独联体地区，而且博弈是全方位的，重点是经济和地缘政治领域。与此同时，学者指出，中俄美三角关系中每一对双边关系都具有相对独立性，中国已经成为具有塑造能力的国家。

中亚稳定对地区安全稳定具有决定性影响，2017年，中亚地区在保持稳定的基础上出现一些积极迹象，主要是乌兹别克斯坦新领导人在对内对外政策方面提出一系列新倡议新举措，给中亚地区形势带来一股新风，其发展方向值得关注。

上海合作组织是欧亚地区重要的合作平台，对地区稳定与发展发挥着积极作用。2017年上海合作组织首次实现扩员，印度和巴基斯坦成为上合组织正式成员国。扩员给上合组织带来机遇，也带来一系列挑战。但是，在促进安全合作、经济合作和人文交流方面成员国依然具有强烈的愿望，因此与会大部分专家学者对上海合作组织发展前景仍然持乐观态度。

"一带一路"倡议为中东欧研究注入新动力。在中东欧研究中，基础研究和应用研究相结合的现实意义从来没有像今天这样受到重视。专家、学者们对中东欧地区发展中出现的新现象密切跟踪，准确描述，科学阐释，对"一带一路"建设在中东欧地区的进程给予智力支持。

　　俄罗斯研究始终在论坛讨论中占据重要地位。本书发稿时，俄罗斯总统大选结果已经揭晓，普京如愿连任。与此同时，西方也向俄罗斯发起新一轮外交攻势。大选前，俄罗斯双料间谍斯克利帕尔父女在英国遭到毒气攻击，英国在没有足够证据的情况下，认定系俄罗斯所为，紧接着驱逐23名俄罗斯外交官。普京当选后，以美国为首的多国配合英国政府，联合驱逐大批俄罗斯外交官。俄罗斯则毫不示弱，以牙还牙。俄罗斯与西方关系陷入"冷战"结束以来的最低点。不管局势发展如何，本届论坛上专家学者的观点对于理解欧亚局势具有重要参考和借鉴意义。

　　最后，论坛上讨论某个问题时，专家学者的观点并非一致，有时甚至具有分歧，但是这种争论对于研究问题、追求真理无疑是有益的。

　　在此谨向为此书编辑出版付出辛勤劳动的朋友表示敬意！

目　录

2017 年欧亚地区战略态势

2017 年俄罗斯政治、经济、外交形势

2017 年俄罗斯东欧中亚的前沿问题

综　述

2017年欧亚地区战略态势

当前的中俄美三角关系

柳丰华

柳丰华，政治学博士，中国社会科学院俄罗斯东欧中亚研究所俄罗斯外交研究室主任，研究员。主要研究领域为俄罗斯外交、中俄关系、独联体地区国际关系。出版专著《"铁幕"消失之后——俄罗斯西部安全环境与西部安全战略》《俄罗斯与中亚——独联体次地区一体化研究》《"梅普组合"的外交战略》；主编《普京八年：俄罗斯复兴之路（2000~2008）外交卷》；在国内外杂志上发表学术论文50余篇。

大家好，我谈谈两个方面：一是当前中俄美三组双边关系状况，二是中俄美三角关系的发展趋势。

一　中俄美三组双边关系状态

三组双边关系的基本状况是中俄关系好于中美关系，中美关系好于俄美关系。

1. 中俄关系

在乌克兰危机发生之前，中俄两国已经将双方战略协作伙伴关系扩展为全面战略协作伙伴关系，在政治、经济、能源、外交等领域建立了密切的合作。乌克兰危机爆发后，俄罗斯与西方展开对抗，俄奉行转向东方的外交政策，给中俄关系带来重大的额外动力，使中俄全面战略协作伙伴关系获得加速发展。这种加速发展形成了很多合作成果，我在这里只列举其中最重要的成果。

第一个重要成果是启动区域一体化战略对接。2015 年，中俄两国签署《丝绸之路经济带建设和欧亚经济联盟建设对接合作联合声明》，这表明俄罗斯支持中国的"一带一路"倡议。2017 年 10 月 1日，中国与欧亚经济联盟实质性地结束了经贸合作协议谈判，这也是"带盟"对接的最新进展。

第二个重要成果是加强能源战略伙伴关系，这一点表现得很突出。2014 年，两国签署中俄东线供气购销合同，2015 年，中俄东线天然气管道开工建设，2016 年，俄罗斯首次成为中国最大的原油供应国。

第三个重要成果是扩大军事技术合作。2014 年，中俄两国签订 S－400 防空导弹系统供应合同，2015 年，两国签署苏－35 战斗机供应合同。这两种武器装备都是俄罗斯最先进的产品，也是俄罗斯首次向外国出口。

我们谈到中国外交政策时，总喜欢将其表示为"大国是关键，周边是首要，发展中国家是基础"。其实这三条俄罗斯全占了。从战略意义上讲，俄罗斯在中国外交的重要性仅次于美国，随着中美战略竞争的加剧，俄罗斯的战略协作和支持对中国的重要性正日益增加。

党的十九大报告提出要积极促进"一带一路"国际合作，而搞好丝绸之路经济带建设，俄罗斯的态度很重要。当前中俄关系确实处在历史上最好的时期，当然也不是没有问题。比如说中俄之间的战略互信还不够强大，中国的崛起使唯一的超级大国美国都感到了威胁，那么，比美国衰弱许多又是我们邻国的俄罗斯对中国有疑虑，甚至有一些外交运筹也是很正常的。还有中俄大型项目对接与合作等问题，但我认为这些问题都不会影响中俄全面战略协作伙伴关系的持续发展。

2. 俄美关系

乌克兰危机彻底终结了俄美关系重启的进程，并使俄美两国陷入了持久对抗，至今难以改善。俄美对抗主要在以下四个方面展开。

俄美对抗的第一个方面是经济制裁与反制裁。美国实施点穴式制裁，直指对俄罗斯经济至关重要的金融、能源和军工三个部分。俄罗斯对美反制裁则主要涉及食品和农产品进口。2017 年 6 月，普京引用联合国的统计数据说，美国制裁使俄罗斯国内生产总值至少下降了1%，也就是说俄至少损失了 500 亿美元。

俄美对抗的第二个方面是军事政治对抗。美国、北约和俄罗斯都在东欧前沿加强军力部署，频繁举行各种联合军事演习，双方的军事对抗既保持紧张状态，又很有节制，绝不走火、失控。如今，北约已正式接纳黑山为其成员国，继续压缩俄罗斯的势力范围。

俄美对抗的第三个方面是在军备控制领域的矛盾增加。2016 年，美国在欧洲部署反导系统已经初具规模，且具有实战能力，俄罗斯也在积极增强战略突防能力。2017 年，美国多次指责俄罗斯违反《中导条约》，有些美国国会议员公开讨论美国退出该条约的问题，俄美两国能否继续维系《中导条约》很可能成为一个问题。

俄美对抗的第四个方面是在解决乌克兰、叙利亚问题上的立场决裂。俄美两国间的合作很有限，核裁军是一个重要的合作领域；俄美贸易关系虽然没有中断，但是贸易额较小，对双方的经济意义都不大；在叙利亚问题上双方有交流，却基本没有切实的合作行动。

俄罗斯曾经热切地期望特朗普上台后，能够改善美俄关系，但是严峻的现实粉碎了莫斯科的愿望。一方面，美国认为俄罗斯黑客干预美国总统选举，"通俄门"之说仍在不断发酵，美国两大政党体制严重制约了特朗普任何可能对俄缓和的步骤；另一方面，俄美两国在北约东扩、反导和独联体事务等领域的矛盾是结构性的，而在反恐和经济领域的合作动力又不足，因此俄美关系并没有因为特朗普的上台有所改善，相反还每况愈下，不稳定、对抗已经成为俄美关系的新常态。

3. 中美关系

2011 年以来，奥巴马政府奉行重返亚太的再平衡战略，实质是为了遏制中国。奥巴马时期中美关系的显著特点是经济相互依存与战略竞争同时加深，总体上是以合作为主。

首先，中美合作在加强，问题也不少。

第一是政治交流频繁，也有一些成效，但是双方的政策互信度低。互信度不高的主要原因包括，中国维护领土、领海权益的正确举措在美国看来是对它所主导的亚太地区秩序的挑战。很多美国精英认为中美两国难以避免"修昔底德陷阱"，因而美国不断加强对华遏制力度。

第二是中美经济相互依存性仍在加强。2016 年中美双边贸易额为 5196 亿美元，两国互为第二大贸易伙伴。截至 2016 年底，中美双向投资已累计超过 1700 亿美元，当然与此同时，中美之间的贸易摩擦也不断出现。

其次，中美竞争在加剧。

第一，在亚太地区经济秩序和国际贸易规则制订方面的竞争在加剧。美国曾推动有关国家在 2016 年签署跨太平洋伙伴关系协定，企图打造一个排除中国的亚太地区贸易体系；而中国在积极推进区域全面经济伙伴关系协定谈判，同时中国也在推动包括美国在内的亚太自贸区建设，以及推进"一带一路"建设。

第二，中美两国的地缘政治竞争加剧。一方面，美国继续向亚太地区转移其驻外军事力量，强化与盟国的军事合作。在中国周边构建防务合作网络，宣布在韩国建立萨德反导基地。另一方面，在钓鱼岛、南海等问题上站在与我国有争议的国家一边，并通过对中国南沙岛礁周边海域、海空进行侦察、巡航等方式对中国形成军事威慑。特朗普上台之后，他的对华政策逐渐回归历史主流。2017 年 4 月习近平主席访问美国，两国达成了多项共识，包括宣布建立外交安全对话、全面经济对话等四个高级别对话机制。这次访问最重要的意义是，两国元首为新时期的中美关系确定了建设性的基调，指明了合作方向。11 月特朗普访华，中美两国在朝核等一系列问题上达成合作共识，签署了总金额超过 2500 亿美元的商业合同和投资协议。

我认为在特朗普执政期间，中美两国的地缘政治竞争仍将加剧，这从特朗普政府以下举动中可以很清楚地看出来。比如，美国已完成在韩国部署萨德反导系统，继续派遣军舰进入南海巡逻，在东亚峰会期间建立美日印澳四国协调机制等。特朗普本人在亚太经合组织峰会上提出"印太"地区的概念。此外，虽然特朗普总统宣布美国退出跨太平洋伙伴关系协定，但是中美地缘经济竞争不会消失。总的来说，鉴于中美经济合作仍能发挥两国关系大船压舱石的作用，可以认为，在一段时期里，中美关系仍将是合作大于竞争。

二　中俄美三角关系发展趋势

第一个趋势，从目前看，中俄美三角关系在相当长时间内仍将存在，从长期看，将呈现中美两极化趋势。从经济实力看，中美两国的

GDP 不断接近，两国把俄罗斯越甩越远。2016 年，美国的国内生产总值是 18.7 万亿美元，中国的这一数字是 12.3 万亿美元，而俄罗斯只有 1.2 万亿美元。

第二个趋势，从中近期看，三角关系呈现中俄在有限领域反制美国的态势。也就是说中俄两国不是全面反制美国，只是在周边地区安全、反导系统、信息网络空间秩序等领域联合反制美国，联合反制的主要方式还是外交协作。从长期看，三角关系的趋势是美中两国战略竞争不断加剧，俄罗斯可能对中美两国采取层层推进、两头渔利的政策。长远地看，美国有可能在中俄当中采取扶弱抑强的策略，也就是联合俄罗斯，遏制中国。

第三个趋势，从中近期看，中俄美三国博弈的重点仍在地区层面，也就是亚洲和独联体地区。这两个地区分别是中国和俄罗斯崛起的战略依托，所以美国会竭力阻止中国重构亚洲经济秩序，防止俄罗斯实现独联体地区经济政治一体化。

第四个趋势，中俄美三国博弈的领域是全方位的，其中的重点仍在经济和地缘政治领域。

大三角关系性质的变化与中俄关系

陈学惠

陈学惠，军事科学院副军职研究员，法学博士，军事科学院博士生导师。曾任军事科学院外国军事研究部研究室副主任、主任。先后就读于解放军外国语学院、苏联基辅大学历史系、俄罗斯总参军事学院高级研修班、中国社会科学院研究生院。享受国务院颁发的政府特殊津贴，获评军事科学院"叶剑英军事科研奖"和军事科学院"科研名家"。担任中国军事科学学会国际军事分会秘书长，国际战略学会特邀研究员，中央军委深化国防和军队改革领导小组专家咨询组成员。

研究中俄关系，离不开对中美俄大三角关系的理性分析。这个问题非常重要，因为，其一，中俄关系从来不是孤立的，它与整个国际关系，特别是大三角关系时刻处于互动之中，它本身就是大三角关系的重要组成部分，同时，又受到大三角关系的深刻影响。其二，传统的中美苏大三角关系以及这种关系状态中的中苏关系，在国际关系史上打下了深刻的烙印，也给中国俄罗斯研究者留下了深刻的历史记忆，以至于只要涉及对美关系这个当代中俄关系中最大的第三方因素，陈旧的地缘政治思维方式就会泛起，甚至无须加任何论证，典型的说法就是，不排除美俄双方在某一时刻会放下恩怨，携手对华。

看来，推进中国特色大国外交，经营中俄战略协作伙伴关系，必须对大三角关系的现状有一个清醒的认识。

一　对大三角关系的认识

1. 从大三角关系的整体看

当代的中美俄大三角关系与冷战时期的中美苏大三角关系相比，基调已经发生了根本性的变化。当年的中美苏大三角关系，基调毫无疑问是对抗。即使有合作，目的也是对抗。例如，美苏战略武器谈判，虽然达成了协议，但其实是从数量的对抗转向了质量的对抗。中美合作，目的也是与苏联对抗。直至邓小平同志提出"韬光养晦"和"不当头"的策略，其前提依然是美苏对抗。如果这两个巨头的对抗不存在，想"不当头"也不可能。现在需要讨论的是，当今中美俄大三角关系的基调究竟是什么。我的看法是：对立、矛盾、斗争还存在，但基调已经不是对抗，或者说，非对抗的成分大于对抗。

2. 从大三角关系中的双边关系看

与大三角关系的整体性变化相联系，大三角关系中的每一对双边关系，虽然还存在联动性，但是，其相对的独立性都增大了。也就是说，每一对双边关系的发展，未必一定是拿另一对的双边关系做抵押。这一认识在讨论中俄关系时特别重要。中俄都是独立自主的大国，都要独立地同美国打交道、处理关系。沿用传统的地缘政治思路看问题，其结论必然是：只要有一方同美国的关系搞好了，另一方的利益就必然会受损；只要有一方同美国的关系搞糟了，另一方就一定会受益。这种典型的"零和"博弈思维已经不符合现实了，这种思维方式除了严重影响中俄之间的战略互信外，并不会带来什么。

3. 从大三角关系的主体看

在三个大国当中，最能动的因素是中国。如果没有中国这30多年实力的发展，恐怕不会出现如今的三角关系状态。中国已经不再是当年那种只能用"四两拨千斤"的角色了，中国已经具备了相当的塑造能力，中国已经成为美国和俄罗斯调整对外政策的重要参照因素。基于这一点，我们在探讨中国和另外两个大国的关系的时候，立脚点就需要做一些调整，尤其是要确立起相当的大国自信。

基于以上三点认识，我认为，新条件下运筹大三角关系，必须摒弃那种简单的、非敌即友的对抗思维，树立起"平等共存、包容共处、合作共赢"的新理念。其中，"平等共存"是最大公约数，"包容共处"是可以达到的目标，"合作共赢"是理想追求。新条件下经营中俄关系，更需要抛弃基于传统的过时的对抗思维逻辑推理，走出对所谓美俄会联手对华的病态疑心窠臼，以更大的自信处理中俄关系的第三方因素，即美国。

二　两个互为联系的问题

在处理大三角关系，尤其是中俄关系时有两个相互联系的问题需要分析。

1. 主导权问题

中俄战略协作，主导权问题不可回避。这个问题的处理，影响中俄合作的互信基础。分析中俄关系的发展过程，对主导权问题的关注往往与国家实力的强弱成反比，越弱者越会在意。在中方实力相对上升、动议能力增强、对政策性权力的追求相对主动的今天，俄方对主导权更为关注。加之俄罗斯一贯搞大国外交，从来没有当过小国，虽实力有所下降，但架子绝不倒，其外交行为的惯性驱使俄方在与中方打交道时格外在意谁占主导的问题。对此中方有时会感到很不舒服。比如刚开始提出丝绸之路经济带倡议时之所以受到俄方的冷遇，就与俄方在主导权问题上的疑虑有关。我认为，与俄罗斯打交道，主导权归根到底是要与实力地位和行动能力联系在一起的。中国应有自信，前景在我们一边。我主张让主导权的确立成为一件自然而然的事，不必过于生硬地追求，也不必在一时一事上过于计较，更不要使"权力转移"成为中俄关系之间的一个话题。

2. 欧亚全面伙伴关系问题

欧亚全面伙伴关系概念对中国战略界的最大启发是，中国也应该适时设计中国的欧亚思想和欧亚战略了。其实，中国提出"一带一路"倡议本身就已经告诉我们，从国家战略的角度看，长期以来陆海失衡的局面不能再继续下去了，中国的两大战略方向，即海上战略方向和陆上战略方向之间必须形成有效的平衡。海上方向是主要方向，这一点毫无疑义，但同时这也是阻力最大、风险最大的方向，只有东西兼顾，陆海相济，才能有效地规避战略风险。现在的中国是一个全向发展的大国，战略能力的辐射也应该是全向的辐射。因此，欧亚全面伙伴关系是一个很好的概念，它符合中国的安全利益和发展利益。欧亚全面伙伴关系概念对于经营中俄关系的意义是多方面的。我只指出一点，就是这个概念使得中俄战略合作的领域，在全球、地区、次地区、共同周边、双边等层面外，又多了一个跨地区层面。中俄在这个地缘空间搞合作，各有优势，有条件做到互补而不冲突。我们的地缘态势与俄罗斯不同，在经济实力上，在与欧洲国家和中亚南亚国家的关系上有自己的优势，不必模仿，完全可以拿出有自己特点的欧亚战略。所以我觉得在讨论欧亚全面伙伴关系这一概念的时候，不需要在主导权问题上提高戒备心理，也不要纠结于这种愿景能否马上实现，而要以极大的战略耐心，团结包括俄罗斯在内的欧亚国家一起来搞欧亚全面伙伴关系。退一万步说，即使有的国家抱着自己的方案不放，不愿协调，那就你搞你的欧亚战略，我搞我的欧亚战略。

中亚形势的新特点和新趋势

吴宏伟

吴宏伟，中国社会科学院俄罗斯东欧中亚研究所研究员，中国社会科学院"一带一路"研究中心副主任，中国社会科学院上海合作组织研究中心副主任，中国社会科学院研究生院教授、博士生导师。长期研究中亚与上海合作组织问题。出版过《中亚人口问题研究》《突厥语族语言语音比较研究》等多部专著；主编过《俄美新较量——俄罗斯与格鲁吉亚的冲突》等多部著作。

今天我就以 2017 年中亚形势新特点、新趋势为题谈一点我个人的看法和认识。主要从三个方面来谈：一个是政治社会文化层面，一个是经济层面，再一个是外交层面。

一　政治和社会文化层面

首先要谈的是中亚安全和社会稳定问题。最近这些年中亚可以说是热点不断。2017 年，大家对一种现象既感到意外又觉得合情合理，就是中亚地区保持了相对稳定的状态，没有发生大的突发事件，也没有发生大的恐怖袭击案件，与动荡的中东、危险的欧洲、形势不断恶化的阿富汗形成鲜明的对比，可以说是比较安静的一年吧。过去我们常谈起的影响中亚安全形势的一些因素，有的依然在强化，有的则在弱化。从外部环境看，在中东地区的伊拉克和叙利亚两国，"伊斯兰国"遭遇到重大挫折，面临覆灭下场。但是它被打散以后，那些残余的恐怖分子向其他地区扩散，势力外溢，对其他地区又构成了威胁。特别是以前从世界各地前往伊拉克、叙利亚参加"圣战"的人数很多，大多是非常狂热的宗教极端分子和恐怖分子，他们搞破坏经验丰富，手段残忍，是非常危险的一群人。从中亚国家到叙利亚参加"圣战"的人也有不少。残余的恐怖分子有些又重新回到自己的国家。"伊斯兰国"恐怖组织在中东遭遇失败后向阿富汗扩散和渗透，把阿富汗作为一个新的落脚点。这些新情况引起了国际社会的高度关注。

学者们在回顾这一年中亚形势时都注意到，2017 年国际和地区形势虽然比过去更加复杂，阿富汗形势也进一步恶化，但总体上并没有对中亚的安全形势造成根本性的破坏和影响。难道是我们过去长期对中亚安全与中东地区形势及阿富汗形势的关联性研究和判断有误吗？这种现象值得探究。下面，我想从外部因素和内部因素这两个方面来分析一下这个问题。

先看外部因素。第一，2017 年中俄在这一地区进行了很好的合作，中国没有试图挑战俄罗斯在中亚地区的领导地位，没有损害俄罗斯的利益；俄罗斯对中国与中亚国家的经济合作也不持反对态度，乐见其成。中亚国家不需要在中俄两方选边站队，这一点非常重要。第二，2017年西方国家忙于应对自身的困难和危机，如经济危机、债务危机、难民危机、宗教极端主义扩散和接二连三的恐怖袭击，它们没有意愿也没有更多精力在中亚地区与俄罗斯搞新的竞争和新的博弈。西方国家虽然对中亚国家政治体制及现状颇有不满，但只要中亚国家保持稳定，西方国家就不会主动挑起事端，也不会煽动民众推翻现政权。当然，如果一个被西方国家认定是集权体制的国家出现反政府的抗议活动时，西方国家也是绝不会放过机会的。

再说内部因素。第一，中亚国家民众对世俗政权和国家体制的认知度、支持度还是比较高的，对宗教极端思想有比较强的抵抗力。中亚国家伊斯兰教教派比较单一，绝大多数属于逊尼派。中东政局发生混乱以后，中亚地区的民众对外来教派的渗透警惕性非常高。第二，中亚国家政府都采取了一系列稳定社会、发展经济的举措，同时对恐怖分子回流和宗教极端思想扩散严加防范，因此在外部环境恶化的条件下，中亚国家依然保持了比较稳定的状态。这也符合"内因是变化的根据，外因是变化的条件，外因通过内因而起作用"这一哲学原理。

回顾2017年，我们可以看到，这一年也发生了一系列比较重要的事件。这些事件对中亚的现状以及未来的发展趋势都会产生一定的影响。

第一，就是有两个中亚国家顺利举行了总统选举。一个是吉尔吉斯斯坦，一个是土库曼斯坦。土库曼斯坦在2016年就通过了新宪法，取消了总统任职最高70岁的年龄限制，将总统的任期从5年延长到7年。2017年2月12日，土库曼斯坦举行总统选举，现任总统别尔德穆哈梅多夫毫无悬念地继续当选，土内外政策都不会发生巨大变化，这符合人们的预期，因此没有引起太大的注意。

吉尔吉斯斯坦总统选举则引起了各方的普遍关注。因为阿坦巴耶夫担任总统已满 5 年，按宪法规定总统不能连任，因此从较早时候起，各方势力就开始了对总统宝座的角逐和博弈。在吉选举之前，哈萨克斯坦总统纳扎尔巴耶夫会见了吉尔吉斯斯坦共和国党的总统候选人巴巴诺夫，引起了时任总统阿坦巴耶夫的强烈抗议，他指责哈干涉吉内政，两国关系骤然紧张。哈萨克斯坦在哈吉边境加强了管控措施，导致口岸流通不畅，两国关系受到影响。最后，阿坦巴耶夫担任党主席的社会民主党总统候选人、前总理索隆拜·热恩别科夫如愿获得选举胜利，吉首次实现政权顺利交接。

第二，米尔济约耶夫自 2016 年底担任乌兹别克斯坦总统以来，在政治、经济、外交层面都采取了许多新的措施，政府面貌焕然一新，开局良好。2017 年 5 月，乌兹别克斯坦正式推出《2017～2021年乌兹别克斯坦五大优先发展方向行动战略》，为乌今后 5 年政治、经济和外交发展指明了方向。

第三，哈萨克斯坦在为后纳扎尔巴耶夫时代进行准备。2017 年 3 月 10 日，哈萨克斯坦总统纳扎尔巴耶夫签署了修改国家宪法的法令。根据修改后的宪法，总统把部分权力移交给政府和议会，政府和议会的权力得到了加强。这表明，在纳扎尔巴耶夫之后新任国家领导人的权力将会被削弱，并受到议会制约。

第四，是大家比较关注的，也就是哈萨克斯坦总统颁布了总统令，从 2018 年开始到 2025 年哈萨克斯坦的国语——哈萨克文要完成从基里尔字母向拉丁字母转换的过程。这一事件在中亚也是比较有代表意义的。因为在这之前，乌兹别克斯坦和土库曼斯坦已经把主体民族使用的字母转化成拉丁字母。阿塞拜疆独立以后在主体民族文字上也搞了拉丁化，但是它的字母表看起来有较强的土耳其文字母的色彩。我们知道，土耳其在中亚国家独立伊始就开始推动突厥语国家文字的拉丁化。不过，哈萨克文拉丁化没有采取向土耳其文字母靠拢的方式，而是采用国际通用的拉丁字母，没有创造新的字母形式。哈萨克斯坦在中亚乃至独联体范围内都是有分量的国家，其字母的转变具有象征意义。

二 在经济层面

2017 年中亚国家在经济层面的成就也是不错的。与 2016 年相比，中亚各国经济在 2017 年基本上都保持了稳定和发展，其中哈萨克斯坦和乌兹别克斯坦的亮点比较突出。前一段时间有人问，说哈萨克斯坦经济发展了，它的经济稳定了，到底有哪些指标能用来说明这个问题呢？我们可以列举一些，当然这不能代表全部。

第一，哈萨克斯坦 2016 年的 GDP 只增长了 1%，2017 年从 1 月到 10 月 GDP 的增长达到了 4%，这个增速对它来说确实是非常不容易的。

第二，哈萨克斯坦本币坚戈和美元的汇率止跌回升。哈本币贬值最低时是 350～360 坚戈兑换 1 美元，现在基本上维持在 320～330 坚戈兑换 1 美元。

第三，2017 年，国际评级机构对哈萨克斯坦长期的主权评级展望由负面调整为稳定，多家金融机构都上调了对哈萨克斯坦经济发展的预期。

第四，哈萨克斯坦对外贸易 2017 年增长很快，不仅与中国的贸易额增长了 30% 左右，而且与其他国家的贸易也有较为显著的增加。

第五，2017 年下半年国际油价稳中有升，这对哈萨克斯坦这个产油大国绝对是极大的利好。

这些指标都说明，2017 年哈萨克斯坦经济已经走出危机，在向好的方向发展。

2017 年乌兹别克斯坦经济发展的亮点主要是新总统执政后采取的经济改革措施及其给乌兹别克斯坦经济带来的新气象和新变化。

第一，对外汇管理进行了改革，把过去长期存在的官价与黑市价格进行了并轨，改革之前官价与黑市价格相差 1 倍，改革之后官价一次性贬值 50%，与黑市汇率一致。解决了过去长期困扰乌兹别克斯坦经济的重大难题。

第二，通过各种办法改善投资环境，内外投资总额显著增加。

第三，恢复和加强了与西方国家金融机构、国际组织的合作，特别是允许欧洲复兴开发银行在乌兹别克斯坦重新开设代表处。

乌兹别克斯坦的这一系列举措，确实取得了初步的成效，给人焕然一新的感觉，也获得了包括国际货币基金组织在内的国际组织的高度评价。其他三个国家——塔吉克斯坦、吉尔吉斯斯坦和土库曼斯坦的经济增长基本维持了 2016 年的水平。

三 在外交层面

2017 年，中亚国家在外交领域没有太多吸引人眼球的重大事件。在外交层面的一些亮点主要表现在三个方面。

一是刚才前面专家发言时提到的"抱团取暖"。2017 年，中亚国家之间的关系和过去相比有所好转，特别是乌兹别克斯坦新总统上台以后，乌与周边国家的关系得到了很大的改善。各国总统你来我往地互访，令人眼花缭乱，确实发生很大变化。另外，从乌兹别克斯坦开始，中亚国家的对外政策也发生一定变化，不再总是把眼睛盯着区外大国，而是把周边国家作为自己外交的优先方向。乌兹别克斯坦新总统执政后出访的第一个国家不是西方国家，也不是俄罗斯，而是土库曼斯坦。另外，乌兹别克斯坦一改老总统在领土、跨界河流等重大问题上采取的强硬态度，主张与邻国通过谈判解决争端。如，乌兹别克斯坦已与吉尔吉斯斯坦通过谈判解决了 80% 以上的边界问题；在跨界水资源方面也呼吁要加强合作，共同解决分歧。哈吉两国也在2017 年 12 月下旬签署了《吉哈边界协定》和《吉哈边界运行机制协定》。由此来看，中亚国家之间的关系确实得到了很大改善。此外，在吉新总统上台以后，通过对哈萨克斯坦进行访问，也使两国关系回到了正常水平。

二是继续加强与世界大国的传统关系。首先是与俄罗斯关系。虽然乌兹别克斯坦没有加入俄罗斯主导的欧亚经济联盟，但新领导人在对俄政策上与前任总统有所不同。2017 年 4 月 4 ~ 5 日，乌兹别克斯坦总统米尔济约耶夫就任以来首次访问俄罗斯。双方商定进一步加强在政治、经贸、科技、投资、交通、金融、石油化工、通信、农业、文化、旅游、劳务移民、军事等领域的合作。俄罗斯为反制西方国家制裁而减少或停止从西方国家进口农产品后，乌兹别克斯坦增加了对俄罗斯农产品的出口。总之，2016 ~ 2017年乌俄关系一直较为密切。2017 年，中亚国家与美国等西方国家关系也还算正常。这表明，中亚国家在大国之间搞平衡外交的基本思路没有发生大的改变。

三是在中亚国家发展战略与中国"一带一路"倡议进行对接。与其他国家相比，中亚国家是较早积极回应中国"一带一路"倡议的国家，对中国倡议的实质理解得比较透彻和到位，也愿意在"一带一路"框架下加强与中国的经济合作，并在发展战略上与其进行对接。中亚多数国家都加入了亚投行，并与中国签署了"一带一路"合作文件。一批重大的合作项目正在按计划立项和实施。

有一个不容忽视的问题是，虽然 2017 年中亚国家间关系更加密切，但并不表明原来影响之间关系的矛盾与问题都已弱化或消失。中亚国家都有进一步改善关系、解决问题的意愿，但由于大部分问题都涉及国家根本利益，在进入实质性谈判和解决阶段后各国让步的空间是很有限的。目前看，在共同关心的重大问题上各国已经达成共识的部分还不到20%。因此，还不能排除个别国家之间关系再次出现反复的可能。

米尔济约耶夫总统新政及其
对中亚地区影响

许　涛

许涛，毕业于俄罗斯国立莫斯科大学，获博士学位。中国现代国际关系研究院研究员，国务院发展研究中心欧亚社会发展研究所特聘研究员，中国俄罗斯东欧中亚学会理事，上海合作组织中国研究中心理事。曾在中国驻乌兹别克斯坦大使馆工作，2016年受聘于国务院发展研究中心欧亚社会发展研究所，任研究员，上海合作组织研究中心主任。主要从事中亚地区安全、上海合作组织问题研究。

国内中亚问题研究界普遍认为，乌兹别克斯坦在2016年底完成最高权力交接后，新总统米尔济约耶夫推出的一系列新政策是2017年整个中亚形势中的亮点。乌兹别克斯坦新总统米尔济约耶夫推出的一系列新举措，大概可以归纳成三个大方面的内容，即政治方面、经济方面和外交方面。

一　政治上的调整

首先是总统办公厅职能的调整与强化，这是在 2017 年初进行的，调整的部门和制度十分细致，既涉及总统办公厅自身的职能和效率，也涉及总统办公厅与政府及各部委的关系和工作对接。与卡里莫夫时期相比，这次调整的幅度很大，影响也是深远的。从近一年的执行情况来看，效果是很理想的，米尔济约耶夫总统的权力中枢已经能够有效运转。

其次是整饬吏制和官员大幅度任免。在 2016 年底米尔济约耶夫正式宣誓就职后，几乎每个月都会颁布一个关于人事调整的总统令。有时任免十几名官员，有时任免七八名官员。乌兹别克斯坦全国各州和政府领导人（正副总理）及各部领导人差不多全都换了一遍。在人事任免的同时，整治腐败和懒政，要求地方官员必须与民众对话，对只想靠当官捞好处的官员坚决撤换。米尔济约耶夫通过上述手段造成官场上人人自危的一种氛围，各地、各部门的领导在这一年中都是战战兢兢、不敢懈怠，唯恐让年富力强的新总统不满。

最后是对强力部门特权的压缩，这主要是针对伊纳亚托夫任局长的国家安全总局。在卡里莫夫时期国安总局这个部门的权力是非常大的，触角遍及外交部、内务部、国防部、边防、海关等重要部门，是老总统对国家权力和社会控制的有效工具。米尔济约耶夫上台后，在对这个部门的权力大大压缩的同时，将自己的亲信派入这一部门最重要的位置。例如，新任命了国家安全总局副局长兼塔什干州安全总局局长，这是他在强力部门建立自己团队的重要步骤。米尔济约耶夫总统这些政改举措是在发展"开放的公民社会"总体框架下进行的，一方面得到了民众的支持，获取了民心；另一方面在政治上树立起自己的个人权威，形成自己得心应手的有力执政团队。

二 经济上的整改

米尔济约耶夫任总统后不久就提出了汇率改制，这是非常大胆的。放开汇率之后，乌兹别克斯坦经济的承受能力究竟会怎么样，会不会在经济上出乱子，这个大家一直都在观察。从目前来看，总体上说其国内经济状况还是比较平稳的。乌兹别克斯坦的经济结构和中亚其他国家不太一样，乌本身具有门类较为齐全的国民经济体系，有基础比较雄厚的资源禀赋，还有比较现代化的制造业。而且，乌兹别克斯坦的出口创汇能力也一直保持比较稳定的水平。2017 年 11 月，乌兹别克斯坦首次公布了自己的黄金储备情况，价值为 260 亿美元，同时还说明，仅在 7~9 月就增值了 7 亿多美元。这可以被看作乌兹别克斯坦有意推出的一个标志性指标，目的是提振国民对本国经济的自信。乌 2017 年 1~6 月的经济增长率仍然是 7%。1~10 月的数字还没有出来，到年终恐怕会更高一些，我估计全年 GDP 的增长率应该是 7%~8%。

三 外交上的新气象

2017 年，乌兹别克斯坦在外交领域的亮点不少。9 月，米尔济约耶夫总统在第 72 届联合国大会上有一个发言，其中重点谈到乌兹别克斯坦外交政策的优先方向之一是中亚地区。他在实际中也是这样做的。米尔济约耶夫正式就任总统后的一系列外交举措，特别是频繁出访，主要对象就是周边的中亚国家。他在这届联合国大会上还提出了一个倡议，希望联合国出台一个特别决议，关注中亚地区的发展，关注中亚地区的安全和中亚各国的合作。米尔济约耶夫总统除了选择中亚地区作为乌外交的优先方向外，还实行全方位的总体外交政策。2017 年的 11 月，米尔济约耶夫派外交部部长卡米洛夫访问了西班牙。我们知道在卡里莫夫时期，总统的大女儿在西班牙任过大使，乌兹别克斯坦和西班牙的关系是很密切的，现在这一关系得以继续维护。同月，米尔济约耶夫还派总理阿里波夫到德国访问，而他本人也在 11 月接见了美国国务院南亚及中亚事务助理国务卿。可以看出，米尔济约耶夫仍然秉持全方位的外交政策，把握着多边平衡的外交态势。

11 月 10 日，米尔济约耶夫总统在塔什干亲自主持了一个"回顾过去、展望未来，中亚地区可持续发展研讨会"，他提出了一些非常重要的观点和倡议。比如说促进道路建设，促进贸易发展，促进旅游业，促进安全合作，促进水资源的合作，还有促进边境地区的往来，等等。其实这些几乎都是针对周边国家、针对中亚地区而言的。值得注意的是他在这个会上提出了一个倡议，就是建立"中亚领导人协会"这样一个机制。很快，哈萨克斯坦就对此做出了回应，纳扎尔巴耶夫总统提出在 2018 年纳乌鲁斯节期间召开中亚领导人论坛。可以看出，米尔济约耶夫总统"中亚优先"的对外政策对整个中亚地区的政治格局已经产生相当大的影响，最明显的是中亚国家之间的关系大大改善了。在解决过去一些对共同资源的争议问题，特别是跨界水资源问题上有了进展。在卡里莫夫时期，甚至一度将上游国家水电站、大坝设为乌军队演习的假想目标，卡里莫夫总统在去世的前一年曾表示，如果中亚水资源问题处理不好或许会引发战争。现在这些问题虽然还没有从根本上得到解决，但原来那种严重对立，甚至冲突的状态已经大大改变了。

对乌兹别克斯坦内政、外交的这些重大变化及其影响和前景怎么看，在国内中亚问题研究界的一些年会上有的专家提出是不是可以看作乌兹别克斯坦主导的中亚一体化就此启动了。我认为尚不能如此确认。专家们经过充分讨论也认为，说中亚地区走上一体化的道路还为时过早。因为无论是在经济上还是在政治上要实现区域一体化，有几个必要的条件：一是一国或几国担任主要推手；二是各国达到一定程度上的政治互信；三是各国经济发展程度基本保持在相同的水平上。用这样的标准来看中亚各国，无论是各方面发展水平较高的哈萨克斯坦或乌兹别克斯坦，还是其他三国，都与这些条件还有很大的差距。因此应该说，目前的状况仅仅是中亚各国关系开始有所改善而已，还谈不上进入一体化阶段。但应该肯定的是，这种关系的改善对中国与中亚各国的合作是有好处的，尤其是对丝绸之路经济带建设框架下的合作而言。

扩员后上合组织面临的
新形势新任务

陈玉荣

陈玉荣，博士，研究员，中国国际问题研究院欧亚研究所所长，中国上海合作组织研究中心秘书长。主要研究方向为"一带一路"、上合组织、俄罗斯、中亚及独联体地区。1986年毕业于黑龙江大学俄罗斯语言文学系，同年进入中国国际问题研究所（现为研究院）工作，曾先后在莫斯科国际关系学院和中国社会科学院研究生院进修学习。1998～2001年曾在中国驻哈巴罗夫斯克总领事馆工作，担任领事。

2017年6月，上合组织阿斯塔纳峰会期间，印度和巴基斯坦正式成为上合组织成员国。上海合作组织在成立16周年之际，实现了首次成员国扩员，这意味着本组织扩大了地域范围，提升了地缘政治影响力，扩展了经济合作空间。上合组织已翻开新的篇章。与此同时，扩员也给上合组织未来发展带来前所未有的考验。

一 扩员给上合组织发展带来的若干问题

第一，上合组织成员国的团结问题突出。随着印、巴的进入，成员国之间的相互关系趋于复杂。其中，印、巴矛盾由来已久。尽管在加入组织之前，印、巴承诺，不会把双边矛盾带入上合组织，但印、巴关系长期不睦的状况不可避免地会影响组织内部的团结与合作。中、印关系的复杂性在两国军人洞朗对峙之后，也更加凸显。印度的大国情怀以及特立独行的对外政策，决定了印度不会甘于在上合组织中"屈尊"他国之下。印度因素自然会带来一些新的矛盾和问题。或者说，印度的进入将会影响上合组织的方方面面，给双边和多边关系都带来新的变数。事实上，上合组织成员国关系已经出现微妙变化。中亚成员国开始忧虑其创始国权益，担心自身地位被印度挤压。

印度同俄罗斯的特殊关系，也在考验上合组织的内部团结。俄印"小集团化"发展倾向对组织的健康发展构成潜在阻碍。此外，2017年10月，在吉尔吉斯斯坦总统选举过程中，吉国同哈萨克斯坦的关系也一度出现裂痕。

第二，上合组织"协商一致原则"绑架各领域合作的风险上升。印、巴的加入使得成员国之间利益诉求差异进一步加大，推进组织框架内的安全、经济和人文等领域合作的阻碍也同步增加。上合组织在相关领域合作达成一致的难度增强。印度的"独立"立场在一些问题上已经有所表现。这种情形之下，上合组织的运行规则，即"协商一致原则"，极有可能成为个别成员国阻碍合作的"工具"。

第三，上合组织双轮驱动作用有弱化的趋势。10多年来，安全合作和经济合作始终被视为带动上合组织发展的两个轮子。但是，在成员国队伍扩大后，加强安全合作与经济合作的前景似乎并不乐观。例如，在安全领域，由于印、巴在"恐怖组织"的界定上意见严重对立，上合组织若想将反恐合作从中亚推进到南亚，难度不小。与此同时，印、巴分歧也会对上合组织国家采取一致行动反恐平添障碍。

第四，在"一带一路"建设进程中，上合组织的平台作用面临考验。上合组织创始成员国积极支持并参与中方提出的"一带一路"倡议。上合组织峰会通过的文件一致同意把上合组织作为推进"一带一路"建设的重要平台。但是，新成员印度消极对待"一带一路"倡议，反对中巴经济走廊建设，致使中孟印缅走廊规划泡汤。不仅如此，印度还热衷于联手日本搞"自由走廊"。显然，印度不会赞成上合组织发挥"一带一路"建设平台的作用。

二　上合组织未来发展面临的优先任务

2017 年 6 月，上合组织阿斯塔纳峰会后，中国开始成为 2017～2018 年上合组织轮值主席国。2018 年青岛上合组织峰会的主要议题谈什么？如何应对首轮扩员后的复杂形势和潜在的难题与挑战？如何把握主席国机会，全面规划上合组织未来发展蓝图？

上合组织未来发展面临众多迫切任务，其中优先任务主要有以下几点。

第一，加强新老成员国团结。在上合组织阿斯塔纳峰会上，习近平主席明确呼吁加强新老成员国团结。我们在分析印度带来的消极因素的同时，还要看到积极的一面，并努力调动印度的积极性。自升格为成员国以来，印度政府对上合组织的重视程度明显提高。据说，在印度外交部专门设立了上合司，印度驻北京大使馆也成立了专门的处室，搭建了负责与上合组织联系的班子。印度外交官已经积极着手掌握和熟悉上合组织的基本文件和各领域合作程序。应该说，印度加入上合组织的动机不是搞乱组织，而是期望凭借上合组织提升自身的国际地位和影响，通过这个平台加强同中亚国家的政治经济关系，特别是同中亚国家深化能源领域的合作。印度还希望借助上合组织开展反恐合作。从这一视角看，上合组织强化地区安全合作是有基础的。

印度对中国的经济意义在上升。许多中资企业看好印度市场。近年来，中印在电信、科技、投资、服务贸易和电子商务等领域的合作进展迅速。在上合组织框架内，成员国之间中印、中俄双边贸易额基本相当。从上合组织整体贸易比重看，中俄占 38.6%，中印占 39.3%。从这一视角看，新兴经济体印度的加入有助于拓展上合组织的经济合作。

第二，继续坚持中俄"双引擎"拉动作用。尽管有印度因素，但未来中俄"双引擎"作用是有保障的。有人曾担心，印度进来以后，由于中印之间、俄印之间的特殊关系，有可能形成中、俄、印三边鼎立的格局，或者权力架构。目前看，这种权力架构不现实。因为中俄是全面战略协作伙伴关系，中俄的战略价值不是俄印关系所能取代的。中国要有这个自信。的确，俄罗斯拉印度进入上合组织有平衡中方影响的考虑，但主要是希望团结印度，拉印反美。然而，近年来，印度与美国的靠近也让俄罗斯非常警惕。2017 年以来，有些俄罗斯学者开始反思让印度进入上合组织的问题。

第三，继续坚持"上海精神"。中方作为轮值主席国，在制定和完善上合组织框架内的基础文件时，有必要强调坚持"上海精神"。"上海精神"是上合组织创立、发展之灵魂，也是组织未来发展的动力之源。任何时候都不能放弃。上合组织扩员后，"上海精神"的重要性更加凸显。

第四，对协商一致原则有必要做出详尽标注。在上合组织框架内利益多元化的情况下，我们只能谋求平等互利、共商、共赢、共同发展的合作格局。这也是上合组织协商一致原则追求的目标。因此，中方有必要在重申坚持协商一致原则的前提下，对该原则做出必要的、详尽的标注，既要坚持原则，又要保持一定的灵活性，从而达到促进上合组织持续健康发展的目的。此外，亟待界定上合组织的区域性质，以便更好地应对扩员带来的难题。

第五，继续把维护地区安全、促进区域经济发展作为上合组织的核心任务。当前，上合组织所在的中亚和南亚地区安全反恐形势依然严峻。随着叙利亚战局的变化，国际恐怖主义在迅速向中亚、南亚渗透，阿富汗问题和各种跨国犯罪、毒品贩运问题更加突出。维护地区稳定是各成员国的第一诉求，加快经济发展更是中亚成员国，以及新成员国印度和巴基斯坦的共同诉求。

维护地区稳定、促进区域经济发展是上合组织的两大基本职能。16年以来，安全合作和经济合作始终是带动上合组织发展的两个轮子。在未来发展道路上，上合组织要继续坚持双轮驱动，上合组织发展也要"不忘初心"。

2017年俄罗斯政治、经济、外交形势

2017 年俄罗斯政治

庞大鹏

庞大鹏，政治学博士，中国社会科学院俄罗斯东欧中亚研究所俄罗斯政治社会文化研究室主任，研究员，博士生导师。中国社会科学院俄罗斯研究中心主任，中国俄罗斯东欧中亚学会常务理事。主要研究领域为俄罗斯政治、比较政治学。出版专著《从叶利钦到普京：俄罗斯宪政之路》《观念与制度：苏联解体后的俄罗斯国家治理（1991～2010）》等；主编《普京八年：俄罗斯复兴之路（2000～2008）政治卷》《普京新时期的俄罗斯：政

治稳定与国家治理（2011~2015）》等；在期刊上发表学术
论文 80 余篇。

2017 年，俄罗斯处于 2016 年国家杜马选举和 2018 年总统大选
的"中期"阶段，普京政权的首要任务是确保这一选举周期政治的
平稳过渡。通过一年的政治治理，2017 年俄罗斯实现了政治稳定，
2018 年总统大选普京胜券在握。

普京从四个方面采取举措应对总统大选：以不断加强"统一俄
罗斯"党的组织建设来继续巩固统一俄罗斯党一党主导的俄政党格
局；以普京执政团队的代际更替进行人事和机构调整；以挤压政治反
对派生存空间来制衡政治对手；从法律维稳到前瞻性维稳，直面恐怖
主义和"颜色革命"威胁。

**1. 以不断加强统一俄罗斯党的组织建设来继续巩固一党主导的政
党格局**

统一俄罗斯党在 2016 年国家杜马选举中赢得宪法绝对多数席位，
在第七届国家杜马中赢得 343 席，获 2/3 以上宪法多数席位，延续了
一党主导的政党格局。未来 5 年，统一俄罗斯党可以在国家杜马中独
自通过包括宪法修正案在内的任何法律，这为普京布局 2018 年总统
选举，调整国家内外政策提供了坚实的政治基础。

统一俄罗斯党自 2011 年以来，通过清党、党内领导机构差额选举、
党内预选等方式加强了党的内部建设。2010 年也是最近的一次人口普查
时，俄罗斯的人口是 1.42 亿，2016 年，统一俄罗斯党党员人数统计为
211 万余名，占人口总数近 1.5%，可见该党发展迅猛。

2017 年，普京政权继续巩固统一俄罗斯党的政治地位。2017 年
1 月 22 日，统一俄罗斯党第十六次代表大会举行。这次大会实现了
该党中央领导机构的更新换代，通过了新一届最高委员会成员名单，
梅德韦杰夫连任该党主席，任期 5 年。俄罗斯政坛的重量级政治人

物，如俄罗斯联邦委员会主席马特维延科、国防部部长绍伊古、莫斯科市市长索比亚宁以及文化部部长梅津斯基、农业部部长特卡乔夫等连任该党新一届最高委员会成员，确保了该党核心领导层的稳定。在2017年9月10日的地方选举中，该党在16个联邦主体行政长官的选举中大获全胜，该党候选人均高票当选。

2. 以普京执政团队的代际更替进行人事和机构调整

新的选举周期和以往任何一次的不同之处在于：与普京2000年左右一起上台的执政团队的大部分成员，其自然年龄已到70岁左右，到了需要更新的阶段。俄国内局势呈现出一个显著现象，即普京执政团队开始大规模更新换代，新一代精英将成为俄政坛的中坚力量，这是俄政治生态中的一个指标性事件。

普京借助新选举周期之利大规模更新换代执政精英，虽然是自然延续的需要，但在客观上对政治治理起到了一定的积极效果。

一是在强力部门人事变动的同时，强力部门本身也在进行机构改革。这次改革被认为可以更加有效地管理强力部门及护法机构，根除内部腐败。

二是优化中央与地方之间的互动。政治信息中心主任穆欣认为，地方政治家进入中央，而中央官员下到地方，目的在于优化权力配置。社会经济和政治研究所所长德米特里·巴多夫斯基指出：对各地区而言，具有联邦机构工作经验的新领导人的调任是一个积极趋势，这些新领导人理解联邦权力和管理机构的规则，具备相应的机关工作经验、行业背景和人际关系。这一切有助于提高地区行政机构的工作效率，确保最大限度地对接联邦和地方层面的工作。

三是巩固强力部门地位，着眼2018年总统大选。政治经济改革中心主任米罗诺夫认为，精英的更新换代不能影响2018年的总统大选，地方上需绝对忠诚的执政精英，强力机构的政治家具备这一素质。

四是宣示治理克里米亚的坚强意志。与此次人事调整相互关联，克里米亚联邦区被撤销，克里米亚和塞瓦斯托波尔一起被并入南部联邦区，其全权代表仍是原总检察长乌斯季诺夫。实际上，普京是借此次人事任命表明其政治意志：无论世事如何变动，克里米亚问题绝不容谈判。现在，克里米亚不仅是拥有地方自治权的行政区划，而且已经完全融入俄罗斯的国家结构之中。

五是精英内部发生了强力资源的重组，强力部门的权力继续得到加强，强力人员的地位进一步巩固。在这个基础上，普京团队的政治精英可以划分为以下几类：年轻的技术型人才，如总统办公厅主任瓦伊诺；精英家庭出身的人才，如莫斯科州州长沃罗比约夫；心腹，如曾长期从事总统保卫工作的现图拉州州长久明；原执政团队的人，如总统办公厅第一副主任基里延科；经济部门从事事务性工作的人才，如负责体育、旅游和青年事务的副总理穆特科。

总之，俄罗斯专家都认同的一点是，代际变化是推动这次人员大调整的因素。2000 年与普京一起走上政治舞台的执政精英正在被年轻的新一代官员替代。同样的是，这些新官员也大多来自安全机构，忠诚是他们的政治品质。其中以现年 44 岁的瓦伊诺升任总统办公厅主任最为典型，这再次表明普京今后选才主要看重良好的行政管理素质，要求低调、忠诚，以及有高效的执行力。

3. 以挤压政治反对派生存空间制衡政治对手

2017 年俄政治反对派颇为活跃。在全俄范围内举行了多次抗议示威运动。2017 年 3 月 26 日，俄发生全国性的政治抗议活动，抗议活动的规模和参加的人数是 2011 年"为了诚实的选举"运动之后最大的一次。6 月 12 日，在"俄罗斯日"这一天，反对派游行再次在俄多个城市举行。体制外反对派不断发声，以图提升自己的影响力，希望能在总统选举中有所表现。

面对政治反对派的威胁，普京政权采取一系列措施，有效地挤压了政治反对派的生存空间。

一是普京政权对此类活动已有足够的经验和手段加以预防。主要表现为三个方面：其一，严格管控反对派利用非营利性组织和网络公共空间开展组织和动员活动；其二，严格控制政党制度和议会制度的运行机制，反对派无法在现有体制内向普京政权发难；其三，有针对性地采取政治举措以确保统一俄罗斯党的政治地位。上述举措对于维稳行之有效。普京不动声色，却已牢牢掌控了政治局势，反对派的力量更加式微。

二是普京政权设置重重阻碍，体制外反对派很难参与政治生活。经过 2011 年反对派游行、莫斯科市长选举和"3.26"反对派示威游行，纳瓦利内已经成为反对派中最有号召力的领袖，同时也成为普京最大的政治对手。纳瓦利内积极备战 2018 年总统选举，希望有所建树。但实际上俄罗斯中央选举委员会主席艾拉·巴姆菲洛娃在电视访谈节目中已经公开表态，排除了纳瓦利内参加俄罗斯总统选举的可能性，因为他有犯罪前科，无法登记为候选人。根据俄罗斯刑法第 4 款第 160 条（窃取和盗用公款），因"基洛夫森林"事件，2017 年 2 月 8 日，基洛夫地方法院判处纳瓦利内有期徒刑 5 年，缓期执行。根据俄罗斯选举制度，犯有严重罪行的公民 10 年内无权参加选举，这样就将曾有犯罪记录的纳瓦利内排除在候选人之外。同时，根据相关制度设计还排除了反对派建立政党联盟的可能性。反对派各自的力量本就薄弱，又不能团结在一起，像纳瓦利内这样的体制外反对派除了搞街头政治外，根本无法参与国家的政治生活。这些举措都为普京政权运筹 2018 年总统大选奠定了政治基础。

4. 从法律维稳到前瞻性维稳，抵御恐怖主义和"颜色革命"威胁

2017 年 3 月 24 日，车臣发生了国民近卫军遭遇袭击的严重事件。2017 年 4 月 3 日，俄罗斯圣彼得堡地铁站发生爆炸，造成至少 14 人死亡，40 多人受伤。这是自 2013 年 12 月伏尔加格勒火车站遭遇恐怖袭击后俄罗斯境内最严重的一次恐怖主义事件。2014 年乌克兰危机以来，俄罗斯社会持续稳定，已经连续近 4 年没有发生恐怖主义事件。

车臣事件具有"独狼"与"团伙"结合的性质。事件背后反映的是高加索安全问题。恐怖分子的目的是在高加索建立伊斯兰国家，俄罗斯境内北高加索的冲突多与外高加索地区冲突相关，出现"冲突交织"现象。潜伏在俄罗斯南部北高加索地区车臣、达吉斯坦等共和国内的"伊斯兰国"武装头目公开了集体向"伊斯兰国"效忠的网络视频。为此，"伊斯兰国"宣布北高加索为"该国"的一个"地区"。俄联邦安全会议秘书帕特鲁舍夫指出，已经有超过 1000 名俄罗斯人作为战斗人员加入了"伊斯兰国"，他们主要来自北高加索地区。俄罗斯面临的威胁是，这些思想极端化并接受了良好军事训练的武装人员有可能从叙利亚战区回国，并在俄罗斯实施恐怖袭击。

面对日益严峻的反恐局势，普京政权于 2016 年出台了反恐怖主义法律修订案《雅罗瓦娅法案》，并在 2017 年继续强化该法案。2017 年 7 月，俄罗斯在该法案基础上通过了新的网络监管法。新法以禁用 VPN 为中心，要求通信软件运营商停止向传播"违法信息"的用户提供服务。此外，还要求社交网络运营商必须让用户绑定电话号码，禁止匿名使用社交网络。实际上，《雅罗瓦娅法案》对构成恐怖主义和极端主义倾向的犯罪实施了更为严厉的惩罚，新增加了严惩"不揭发"恐怖分子行为的条款。在互联网上组织和召集恐怖主义行动以及为恐怖主义辩护的也都将予以追究。随着《雅罗瓦娅法案》的施行，俄罗斯打击恐怖主义行动有了更为有力的法律武器。

除防范恐怖主义威胁，俄罗斯维稳的又一个重要内容是对外严防"颜色革命"。在俄罗斯新版的国家安全战略中，俄已将以美国为首的西方外国特工机关的情报活动、扰乱俄罗斯国家机关工作、"颜色革命"等定位为国家安全面临的主要威胁。"4·3"事件后，普京继提出法律维稳后，又提出了要有前瞻性维稳的方针。前瞻性维稳主要是指必须防备西方的干预。总之，针对恐怖主义袭击、"颜色革命"

威胁，普京政权早已未雨绸缪，采取了各种严密的举措。目前，这些威胁仍在普京政权可控制的范围内，不会对当前俄政局的稳定产生实质性影响。

5. 俄罗斯政治面临两个挑战

第一个是俄罗斯精英阶层内部团结的问题。

普京执政以来，已换过三个办公厅主任。苏尔科夫最后因倡导政治妥协文化而下台，但实际上他是明撤暗升，担任了一段时间副总理之后，又回来担任总统顾问。总统顾问的位置是大于副总理的。另外，普京又重用沃洛金，沃洛金作为人事主管，现已升为国家杜马主席，但是他的执政理念是对反对派严加控制。苏尔科夫与沃洛金的执政风格完全不一样。俄罗斯的政治格局已不是像普京总统第一、第二任期内那样，是强力派和自由派之间的政治冲突，实际上，现在影响政治格局的是一种在政权内部需要消化、平衡的问题。对于俄罗斯这样一种政治人格化的政治体制来说，最大的危险实际上出自精英内部。

第二个是内政与外交的联动性问题。

普京这 6 年最大的特点是对内对外重新构建国家认同。2012年普京重返克里姆林宫的时候，强调自己是一个保守的执政者，并且提出俄罗斯要重视传统价值观。实际上从 2013 年开始，普京政权每年都会有一些新的提法。2013 年，普京提出了"我们是谁，需要信仰什么，走向何方"的问题；2014 年乌克兰危机之后，他把"俄罗斯世界"一词从一种传统语言文化上的理解，上升为整合境外同胞跨族裔性问题的一种理念支撑；2015 年底他提出"大欧亚"战略；2016 年他继续运筹大欧亚伙伴关系，并且使其与西方国内的民粹主义、反建制主义、保守主义相贴合。2017 年 11 月 1 日，沃洛金作为官方代表正式提出俄罗斯的传统价值观，即家庭、信仰、团结、祖国、公正，从而正式回应了 2013 年普京提出来的命题。纵观

2012～2017 年，普京在国家认同这个层面，从对内、对外两个维度，以保守主义、俄罗斯世界和大欧亚三个层次，实现了对意识形态和整个治国理念的统筹。

在上述治国理念的影响下，俄罗斯内政外交的联动性出现了新的特点。

第一，国际观影响内政举措。从 2016 年 12 月的对外政策构想可以看到，现在的俄罗斯对于国际事务的重大策略出现变化，动用武力实现目的的愿望不断上升。2017 年在瓦尔代俱乐部会议上，俄罗斯精英提出：国际秩序的构建是一种"创造性的破坏"。这种对外政策的变化，对内政产生了深刻影响。俄罗斯内政当前最突出的特点，如前所述就是强力部门的重组，强力部门地位的强化和强力人员被重新安置在核心关键岗位。可见，对外政策的变化固化了俄罗斯内政的原有特点。

第二，内政的变化反过来又进一步影响外交决策。因为内政的变化直接造成俄罗斯国家实力不是建立在金融和经济基础之上，而是建立在强力之上，即建立在军事这个基础之上的。也就是说，俄罗斯外交所说的国家利益，已被强力部门和所谓大垄断企业的利益所捆绑。这进一步造成俄罗斯出现战略冲动和"用兵"的愿望。

第三，俄罗斯现在的政治经济外交完全联动，深刻地相互影响。普京刚刚执政的时候还只是着眼于国内，公开表示要解决好内部事务，国际上的大事让其他国家去处理。现在的俄罗斯，内政、外交、经济完全融为一体，而且调整的空间十分狭小。所以说普京最大的难题不是能否连任的问题，而是在连任之后所要面临的局面。现在的俄罗斯不仅仅是以前常提到的结构改革会带来利益冲突的问题，更主要的是其内政、经济、外交，已然完全固化、完全融合，可调整的空间十分狭小。现在这种体制即便是运用军事的手段，或者娴熟的外交政策，也只能实现短期的经济目标。从长远来看，现在是一个科技革命日新月异的时代，"用兵"只能达到一时的目的，而长期的战略目标是难以实现的。

最后提一点研究体会。现在俄罗斯问题研究领域争论很大。从某种意义上说这是如何看俄罗斯研究中的特殊性和普遍性的问题。不能忽视俄罗斯的特殊性，否则研究就是空对空；但是更应该从全球的眼光来看俄罗斯，这样才能看到俄罗斯的发展前景，更好地解决研究中特殊性与普遍性之间的张力问题。

2017 年俄罗斯经济形势

徐坡岭

　　徐坡岭，中国社会科学院俄罗斯东欧中亚研究所俄罗斯经济室主任，研究员，博士生导师，中国社会科学院"一带一路"研究中心副主任，中国世界经济学会常务理事。先后毕业于中国人民大学国际政治系和辽宁大学世界经济专业，获法学学士学位、经济学博士学位。曾在莫斯科大学经济系和汉堡大学和平与安全研究所访学。主要从事世界经济理论和国别经济研究。先后主持多项国家社科基金和教育部基地重大课题项目。出版《俄罗斯经济转型轨迹研究》等多部学术专著；在《世界经济与政治》《俄罗斯东欧中亚研究》等学术期刊上发表论文 90 余篇。

　　2017 年俄罗斯经济出现止跌回升的增长趋势，但这种增长的性质及其背后的原因如何，仅仅根据一些宏观的数据还无法做出判断。

自 2014 年俄罗斯遭遇石油价格暴跌、卢布贬值和西方制裁之后，为应对经济危机在 2015 年和 2016 年推出了一系列宏观财政货币政策和产业政策，并把进口替代上升为国家法令，对经济创新的支持力度也进一步加大。在这种情况下，俄罗斯 2017 年经济走出衰退的原因和性质，以及俄罗斯进口替代政策和创新政策的成效如何，都是促成俄罗斯目前基本经济形势的重要内容。因此，把握俄罗斯 2017 年的经济形势需要从四个方面着手：一个是宏观形势判断，一个是进口替代政策成效，一个是创新经济的表现，最后是基于前三个方面的分析，对俄罗斯经济的未来做出判断。

一 俄罗斯 2017 年主要宏观经济 指标及其含义

对于俄罗斯 2017 年的宏观经济，俄罗斯总统普京的判断是"走出了衰退"（выйти из рецессии），但没有说是"走出了危机"。这个判断是客观的。因为经济危机是一个经济周期的组成部分，完整的经济危机过程包括了四个阶段：衰退、萧条、复苏和高涨（见图 1）。

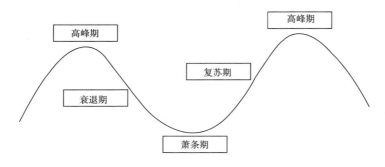

图 1 经济周期的四个阶段

俄罗斯经济转型以来，先是经历了 1991～1996 年的转型性经济危机，之后又经历了 1998 年金融危机和 2008 年经济危机。2014 年底至 2016 年第三季度的经济危机具有结构性经济危机、周期性经济危机和外源性经济危机的三重特征。在这种情况下，俄罗斯 2017 年的宏观经济数据能说明什么问题，需要从经济周期、产业周期和增长的结构特征去判断。

1. 2017 年 1～9 月主要宏观经济指标说明俄罗斯经济已经走出外源性危机

根据俄罗斯国家统计局公布的数据，俄罗斯 2017 年 1～9 月的宏观经济出现了超预期的增长。在 2017 年初，无论是俄罗斯中央银行，还是俄罗斯经济发展部，抑或是世界银行和国际货币基金组织，对俄罗斯 2017 年的经济增长预期都没有超过 1%。其中，俄罗斯中央银行的预测是 0.6%，其他预测数据也都为 0.6%～1%。但到 2017 年 6 月，这些机构普遍调高了俄罗斯经济增长的预测值，但也没有超过 1.2%。直到 2017 年 10 月俄罗斯国家统计局公布确切的统计结果之后，人们发现其实际增长已经远超预期。其中，GDP 增长是 2.2%，CPI 降到 4.1%，农业增长 3.8%，工业增长 1.8%，运输增长 6.8%，进出口增长 26.4%，名义工资增长 6.7%，实际工资增长 2.5%，失业率是 4.8%，实际可支配收入 -0.2%（见表 1）。

表 1　俄罗斯 2017 年 1～9 月主要宏观经济增长指标

单位：%

GDP	CPI	农业	工业	运输	进出口	名义工资	实际工资	失业率	可支配收入
2.2	4.1	3.8	1.8	6.8	26.4	6.7	2.5	4.8	-0.2

数据来源：俄罗斯国家统计局。

根据经济危机的周期理论，上述宏观经济指标表明，2017 年俄罗斯宏观经济已经摆脱衰退，进入了经济复苏阶段。分析俄罗斯经济走出衰退的动因可以发现：一方面国际市场原油价格从 2015 年的平均 39 美元/桶上涨到 2017 年上半年的平均 58 美元/桶，这是推动俄罗斯经济走出衰退的重要原因；另一方面，俄罗斯经济在产业层面也表现出了全面复苏的势头，投资增速提高和出口增加，从需求层面推动了俄罗斯经济的复苏。这里需要指出的是，尽管能源因素仍在俄罗斯经济恢复中占据重要地位，但从统计数据看，俄罗斯经济特别是财政收入对油气的依赖度已经下降，油气对财政收入的贡献率从 2009～2014 年的平均 51% 下降到 2015 年的 43% 和 2016 年的 36%。2017 年 1～9 月，俄油气收入对财政的贡献为 39.1%。

2. 产业数据表明俄罗斯经济走出周期性危机是推动宏观经济在 2017 年复苏的基础性因素

从宏观数据看，俄罗斯经济 2015 年负增长 2.8%，步入衰退，2016 年负增长 0.2%，表现为停滞。但从产业数据看，俄罗斯的一些价格弹性和投资弹性更高的产业，比如加工业、水电气的生产与输送、建筑业、批发零售业、交通运输和通信业等，在 2012 年第四季度就已经出现停滞或步入衰退，2013～2015 年在这些行业表现为负增长，这些行业的衰退比俄罗斯宏观经济的衰退早了 2 年，这是俄罗斯 2015～2016 年经济危机表现为外源性和周期性复合危机的重要原因。

表 2 的数据显示了俄罗斯 2012～2016 年行业产出的变化情况。从中可以看出，作为俄罗斯国民经济技术基础的加工业，2013 年和 2014 年的增长率分别为 0.71% 和 0.75%，只有 2012 年增速的 1/6，已经基本停滞，2015 年增速为 -4.63%。需要指出的是，俄罗斯加工业 2013～2015 年的这种表现是在俄罗斯加大军工采购、国防公共产品支出大幅增加的背景下发生的。也就是说，剔除军工综合体的产出外，其他加工业在 2013 年就已经陷入衰退。除了加工业这种周期性行业之外，2013～2015 年，水电气生产配送、建筑业、交通运输

业、通信业和批发零售业都处于周期性衰退之中。这种衰退持续到2016 年上半年，并从 2016 年第三季度开始出现复苏，从而推动了整个经济的复苏。2016 年处于衰退中的行业是渔业、建筑业、批发零售业、餐饮业、卫生保健和社会保障以及家庭服务业。这些行业的属性一方面具有非周期性行业的特征，另一方面都与居民的可支配收入和最终消费密切相关。除了渔业之外，这些都是属于收入弹性更大的行业。因此，2016 年在其他行业已经反弹的情况下，这些行业的衰退反映了经济危机期间俄罗斯居民实际可支配收入的下降对这些产业的影响。

表 2　俄罗斯 2012～2016 年的行业增速（比上年）

单位：%

领域/年份	2012	2013	2014	2015	2016
农业与种植业	−1.64	4.50	1.95	2.99	3.59
渔业	7.67	5.05	−6.49	0.77	−2.09
采矿	1.96	0.09	2.04	0.20	0.30
加工业	4.57	0.71	0.75	−4.63	1.15
水电气生产配送	0.52	−2.30	−0.64	−1.50	2.62
建筑业	3.83	−1.54	−2.84	−1.93	−4.24
批发零售维修等	3.44	−0.02	0.70	−8.80	−3.13
交通运输通信	4.00	−0.18	−0.25	−1.02	0.42
金融业	19.64	12.46	5.40	−5.97	0.81
不动产租赁设计等	3.29	6.32	1.45	−0.46	0.90
旅馆餐饮	4.84	1.87	−0.64	−4.50	−3.52
国家管理与安全	4.70	2.65	0.97	3.04	0.02
教育	−2.95	−3.41	0.39	1.25	0.12
卫生保健与社会保障	2.55	0.65	2.68	0.12	−1.98
其他公共管理服务	0.80	−0.09	−0.21	1.38	0.60
家庭服务	4.67	1.76	1.48	−1.03	−2.00

数据来源：作者根据俄罗斯国家统计局的统计数据计算。

2013～2016 年俄罗斯行业产出增长数据表明，俄罗斯的投资性和商业周期危机早于宏观经济危机，其复苏也早于宏观经济复苏。因此，可以说，俄罗斯经济在 2016 年第四季度已经走出周期性危机，并支持了 2017 年的宏观经济复苏。

3. 俄罗斯宏观经济危机的结构性根源仍然存在

俄罗斯经济的结构性问题表现在三个方面：其一，经济增长对油气部门和其他原材料部门的依赖；其二，去工业化和伪工业化导致的物质生产部门和非物质生产部门的失衡；其三，积累和消费的失衡。

俄罗斯经济的能源依赖是学者们惯常注意的问题，主要用能源部门对 GDP 产出、财政收入和出口的贡献度来表示，2009～2014年，这三个数据大约分别是 1/3、1/2 和 2/3。许多文献分析了能源依赖与"荷兰病"或者"俄罗斯病"的关系，在此不再赘述。2017 年 1～9 月，俄罗斯的对外贸易增长 26.4%。其中，出口增加26.4%，能源原材料出口仍然占总出口的 78%。一方面，能源价格回升为俄罗斯带来更多的石油美元，成为推动需求上升的重要因素；另一方面，出口回升也成为拉动投资和产出增长的主要原因。

俄罗斯经济中物质生产部门和非物质生产部门的比例失衡可以从表 3 的数据中观察到。在 2011～2016 年，俄罗斯物质生产部门产出只占 GDP 产出的 33% 左右，非物质生产部门（包括生产性服务业和非生产性服务业）的产出超过 60%。其中，加工业在 GDP 中的比重只有 13% 左右，服务业超过 60%。这种结构一方面意味着整个经济活动缺乏坚实的商品和劳务生产的物质基础；另一方面也意味着非物质生产部门占有了太多的物质生产部门的剩余，阻碍了这些部门的生产和扩张。

俄罗斯的积累与消费之间的结构失衡是俄罗斯经济结构问题的基

表 3　俄罗斯 2011～2016 年 GDP 构成（10 亿卢布）

领域/年份	2011	2012	2013	2014	2015	2016
农业＋采矿	6991	7063.6	7159.3	7294.4	7366.1	7454.9
第二产业	12687.8	13167.5	13115.6	13044.6	12600.3	12561.6
生产性服务业	23982.4	25130.3	25998.5	26338.9	25254.2	26111.7
其他服务业	8422.9	8642.3	8723	8815	8938.9	8885.7
净产品税	8198.4	8482.8	8609.5	8576.2	8006.4	8008.0
GDP 总量	60282.5	62486.4	63602.0	64071.8	62259.7	62119.6

数据来源：俄罗斯国家统计局。

础性问题。俄罗斯在宏观政策方面一直标榜民生第一，在总产出的分配中一直向最终消费支出倾斜。这本身没有问题，因为经济活动的根本目的是满足居民的生活需要。问题在于，为了持续满足居民生活的需要，必须具备一定的产业基础，需要至少维持简单再生产并在条件具备的情况下推动扩大再生产。不过，从统计数据看，俄罗斯 2000 年以来的总积累率一直低于 25% 的水平，投资率在很多年份都低于 18% 的水平。2017 年上半年的投资率为 17.7%，这与 2013～2016 年的平均投资率基本持平。这样一个积累水平和投资水平甚至不能满足简单再生产的需要，这是俄罗斯物质生产部门特别是基本密集型产业不断萎缩的重要原因，这种萎缩破坏了经济的技术基础。

二　俄罗斯进口替代政策的成效及趋势

进口替代是俄罗斯在 2014 年 12 月提出的，是作为一个法令颁布出来的产业政策。大家知道俄罗斯提出进口替代机制的原因有三个：第一个就是反制裁和进口限制，这个主要是出于经济安全考虑；第二个是卢布贬值的支出转换效应；第三个就是俄罗斯的进口替代产业政策，即对要扶持的产业进行金融和财政支持。在俄罗斯的国家统计局和工业与贸易部的统计数据中，可以看到进口替代的主要进展。

1. 市场零售商品中进口商品比重有较大幅度的下降

进口替代的进展首先表现在俄罗斯市场零售品总额中，进口商品的比重在 2014 年以来呈现总体下降趋势。根据俄罗斯国家统计局的数据，2000 年之后，随着石油价格上涨和卢布实际有效汇率升值，俄罗斯零售商品市场上进口商品的比重不断上升，2006 年第四季度这一比例高达 49%。2008 年金融危机后，由于卢布贬值，这一比重曾经在 2009 年第四季度下降为 39%，但在 2010 年又很快回升至 45%，并持续到 2013 年第四季度。进入 2014 年，卢布再次表现出贬值的趋势，商品零售市场上进口商品的比重随之开始下降。特别是在俄罗斯政府针对西方制裁发起反制裁和进口限制之后，2015 年第二季度这一比重快速下降到了 34% 的水平。之后，2015～2016 年，俄罗斯商品零售总额中进口商品的比重有所反弹，2016 年第四季度甚至回升到了 40% 的水平。背后的原因与油价回升、卢布币值逐渐稳定并有所回升等因素有关。进入 2017 年，这一比重再次快速下滑，到 2017 年第二季度，进口商品占商品零售总额的比重下降到了 33% 的水平。

2. 从产品和行业领域看，农业、食品工业和制药等产业的一些产品进口替代率取得显著进展

食品工业领域的进口替代是俄罗斯政府一直高调宣传的进口替代成果。统计数据显示，2014 年第一季度，俄罗斯食品零售总额中，进口食品比重为 36%；2015 年这一比重下降为 28%，其中第一季度为 29%，第二季度为 26%，第三季度为 27%，第四季度为 30%；2016 年进一步下降为 23%，四个季度分别为 24%、22%、22% 和 24%；2017 年第一季度为 23%，第二季度为 21%。食品工业领域进口替代效果显著，背后的原因有三个：一是反制裁和进口限制减少了食品进口量，为国内食品工业腾出了空间；二是卢布贬值产生了积极的支出转换效应，更贵的进口食品被国产食品替代；三是国内食品工业有过剩产能，能够弥补进口减少造成的短缺。与此同时，食品工业属于非技术密集和非资本密集型产业，投资周期短，扩大再生产更加容易。

农业领域中，俄罗斯 2014～2016 年的谷物大丰收使得国内粮食和食品供应具有了良好的产业基础。目前，俄罗斯市场上 88.5% 的肉类和 99.8% 的谷物是由俄罗斯自己生产的。农业领域的丰收和利润水平的上升提高了对农业机械的需求。一方面，在俄罗斯的进口产品中，农业机械的比重持续上升；另一方面，俄罗斯国内农业机械企业也迎来了大好时光，国产农机具的销量不断上升。到 2016 年底，俄罗斯国产农业机械的国内市场占有率第一次超过了 50%。

除此之外，从 2014 年到 2017 年初，俄罗斯的运输设备进口依赖度下降了 6%，制药（成品药和原料药）的国内产品市场占有率提高了 6.5%，医疗器械市场占有率提高 8%。另外，俄罗斯国防工业领域的原子能工业、特种化工、船舶制造、宇宙航空和民用航空的生产能力都有显著增长。国产电子产品和通信设备的进口替代也有比较显著的效果。

3. 工业原材料、中间产品和工业机械设备的进口替代不够理想

2014 年以来俄罗斯进口替代的发生机制主要有三个途径：第一个是 2014 年卢布大幅度贬值引发的相对价格变动效应和支出转换效应；第二个是反制裁进口限制引发的国内市场商品供给结构转换效应；第三个是进口替代支持政策引发的国内生产能力提升和国产商品供给增加，进而产生的进口替代效应。总体上看，这三个效应在零售商品市场和其他最终产品市场的进口替代效应都比较显著，但在工业原材料、中间产品和工业用机械设备采购领域，进口替代效应则效果不佳，甚至基本没有什么进展。根据初赫洛的研究，2014年卢布贬值前后在俄罗斯工业企业进行采购决策时，卢布贬值基本没有影响企业的采购决策。2014年4月卢布贬值之前，受调查企业购买国产和进口工业设备的厂商比例是33%和42%。2014年12月，卢布贬值50%之后，相应比例为31%和40%，除了采取中间立场的企业比例有所增加之外，基本比例结构没有发生变化。关于工业原材料及中间产品采购决策的变动与工业设备采购基本一致。卢布贬值前，采购国产和进口原材料及中间产品的比例分别是22%和39%，卢布贬值50%之后的比例为21%和38%。2015年实施的进口替代支持政策和反制裁进口禁运政策也基本没有对这些企业的上述采购策略产生影响。不仅如此，在卢布基本稳定之后，那些已实施进口替代采购行为的企业反而又降低了进口替代采购的比例。

根据初赫洛的调查，2014年卢布贬值和随后推出的进口替代支持计划曾经使一些企业的基本产品采购策略出现了积极的进口替代倾向，以2015年第二季度与2014年第二季度相比，进口替代采购比例在工业机器设备领域提高到30%，在工业原材料和中间产品领域提高到22%，到2016年第三季度，这两个比例分别下降到了18%和17%。

那么，为什么在卢布贬值和政策扶持下企业仍没有积极性来采购国产设备和国产的工业原材料及中间产品呢？就此问题，初赫洛的团队在2015～2016年对调查企业进行了四项调查，在受调查企业给出的答案中，62%～66%以上的企业是因为俄罗斯国产商品中没有与进口产品类似的机器设备和工业原材料及中间产品，26%～40%的企业是因为国产的设备和原材料质量不符合要求，14%～18%的企业是因为进口替代政策没有支持相关产品的国产化，11%～13%的企业是因为国产的设备和原材料涨价，9%～13%的企业是因为国产设备和原材料供应不足，5% 左右的企业认为进口产品的价格是可以接受的。企业对卢布贬值和进口替代支持政策的上述反映说明，对于俄罗斯的工业企业而言，机器设备和原材料及中间产品的价格替代弹性和进口政策替代弹性对投资这一领域的作用都非常小，造成这种替代单行不足的原因需要进一步分析和研究。

4. 2017 年以来俄罗斯最终消费品和资本品领域进口替代分化严重

进入 2017 年，俄罗斯的进口替代进程在产业政策支持下，在最终消费品领域，特别是在农产品、食品和轻工产品领域仍然取得进展，但在工业设备、工业原料和中间产品领域的进口替代进程已经基本停滞，甚至出现了反弹和逆转。

俄罗斯独立经济研究中心通过对 2017 年前三季度进口替代状况的研究，得出结论认为，2017 年俄罗斯的进口替代进程不会有显著效果。这显然与俄罗斯政府宣传的进口替代成果有很大出入。俄罗斯独立研究中心的结论同样承认，在农产品、食品（特别是谷物和肉类）方面的进口替代仍然在取得进展，也发现化工领域的一些企业在进口替代支持政策方面成为大赢家。具体而言，在食品行业中，最大的赢家是生产肉类及肉类制品（这主要适用于肉鸡）的公司。乳制品生产和从事水产养殖的企业也获益匪浅。但是，水果和俄罗斯蔬菜罐头的进口开始增多。

问题的关键是在俄罗斯经济结构和对未来经济的技术基础至关重要的工业领域，机械设备、工业用原材料和中间产品的进口替代几乎已经停滞，许多公司仍然需要购买由于卢布贬值而涨价的进口设备和原材料。在 2017 年上半年的俄罗斯进口商品中，机床、机械设备和运输设备进口比上年同期增长了 33.8%，高达 474 亿美元，占进口总额的比重比 2016 年同期上升了 2.3 个百分点，达到 46.9%。其中，工业与实验室设备进口增幅更是高达 77.1%。排在第二位的是化工和橡胶制品，占上半年进口总额的 18.3%。这些资本品进口的快速增长一方面说明俄罗斯的生产和投资快速复苏，另一方面也说明，资本品领域的进口替代趋势发生了逆转，或者说至少是停滞不前。

为什么会出现这种情况？一方面，随着石油价格稳定和一定程度的回升，卢布汇率逐渐稳定，实际有效汇率也有一定程度的回升，2014~2016年实际有效汇率贬值的趋势正在被扭转，卢布汇率升值提升了俄罗斯企业对进口资本品的购买力。另一方面，在俄罗斯的出口结构中，能源原材料的出口仍然占总出口额的70%以上。尽管俄罗斯已经高度融入世界经济，但是俄罗斯经济自身的分工和专业化程度很低，俄罗斯在全球价值链中的位置只在上游的原材料供应方面有一定的影响力。至于在产品的设计研发、生产运营和仓储、销售、物流服务等领域，俄罗斯基本是游离在全球价值链分工体系之外的。由于整个世界的供应链和产品生产链已经基本形成，一个完整的商品实际上是在许多国家完成的。要参与这个分工体系，必须在某些环节上具有成本优势或技术优势。俄罗斯目前只是作为原材料供应商参与这种价值链分工，几乎没有俄罗斯的公司能够影响乃至掌控这些分工链条。俄罗斯在国际分工中的地位和在全球价值链分工中的参与程度，反映了俄罗斯与外部世界的产业鸿沟。

三 俄罗斯的创新发展战略和劳动生产率

俄罗斯在2008年推出国家创新发展战略，力图推动经济的技术效率和组织效率的提升，缩小与发达国家之间的技术和创新差距。2015年和2016年的反危机政策中，创新发展政策支持是反危机政策中与结构政策同等重要的政策内容。目前详细评估俄罗斯的创新发展战略的政策效果还缺少充分的数据支持，但可以从部门相对劳动生产率和俄罗斯与其他国家的相对劳动生产率来对俄罗斯的技术效率和创新效果进行评估。俄罗斯的创新发展战略政策主要集中在能源原子能、航空航天、新材料、生物医药和信息与人工智能技术五大领域，这些领域是物质生产部门的技术基础，同时对生产性服务业的效率提升具有基础性作用，因此评估物质生产部门和非物质生产部门的相对劳动生产率，可以看出创新发展战略的政策显现效果的领域。

俄罗斯非物质生产部门劳动生产率高于物质生产部门说明基础技术创新效果不佳。根据对俄罗斯部门的就业占比和部门 GDP 占比的比较，可以评估俄罗斯的物质生产部门与非物质生产部门的相对劳动生产率。表 4 的数据表明，俄罗斯物质生产部门的就业占比在 2014 年之前一直超过 50%，到了 2015 年和 2016 年也保持在 49% 和 47%。一方面，物质生产部门的产出只占全部 GDP 产出的 32%，也就是说有 50% 的人在这些领域里工作，但这些领域只贡献了整个国民生产总值的 32%；另一方面，俄罗斯服务业的产出占 GDP 的比重达到68%，就业占比也为 50%。从相对劳动生产率的角度来看，非物质生产部门的劳动生产率高于物质生产部门。

表 4　俄罗斯 2011～2016 年的就业与产出部门占比

单位：%

年份	2011	2012	2013	2014	2015	2016
物质部门就业占比	58.00	56.20	50.97	51.12	49.79	47.63
物质部门 GDP 占比	32.64	32.38	31.88	31.74	32.07	32.22

数据来源：根据俄罗斯国家统计局的数据计算得到。

就基本密集度而言，通常物质生产部门的基本密集度高于非物质生产部门。在这种情况下，通常物质生产部门的劳动生产率或人均产出率将高于非物质生产部门。美国、德国和中国的数据可以佐证这一点（见表 5）。

表5　2015 年美、德、中、俄物质生产部门的相对劳动生产率

单位：%

	美国	德国	中国	俄罗斯
物质部门就业占比	20.08	29.08	57.60	49.79
物质部门 GDP 占比	21.08	30.49	49.76	32.07

数据来源：世界银行数据库。

作为参照，表5 把 2015 年美国、德国和中国的数据与俄罗斯的数据放在一起进行对比。数据显示，2015 年美国 20% 的人从事物质产品部门的生产，生产全部 GDP 的 21.08%；德国是 29% 的人生产了全国的 34.49%，中国是 57% 的人在农业和工业领域生产，生产全国 GDP 的 49.76%（中国物质生产部门就业比例高主要是因为农业部门就业人数占总就业人数的 28%）。俄罗斯是 49.7% 的人在物质生产部门生产，但是只生产 GDP 的 32%。也就是说俄罗斯物质生产的劳动生产率非常低，特别是相对于它的服务业。

无论是与国内其他产业比较，还是与国际比较，俄罗斯物质生产部门的劳动生产率都是相对较低的。这说明，俄罗斯国家创新发展战略并没有对物质生产部门的技术基础产生实质性的影响。同时，也从另一个侧面说明，俄罗斯的创新实际上主要是出现在低资本密度的服务业领域。俄罗斯技术进步和劳动生产率进步的部门结构与政策目标不一致，这一方面反映了创新政策效果值得怀疑；另一方面也反映了俄罗斯产业分工水平和国际分工水平之间有巨大的鸿沟，这使得俄罗斯在进口替代和创新政策中难以为经济的技术进步提供充分的资本品供应。

结语：关于俄罗斯经济的未来发展趋势

基于上述分析，我们可以发现，短期内，在世界经济复苏和能源

价格上涨的有利条件下，在周期性经济危机已经被克服的情况下，俄罗斯有条件保持宏观经济的中低速平稳增长。对于俄罗斯中长期经济前景的判断，还要从俄罗斯经济的结构性因素、进口替代效果和创新发展战略的效果来观察。基于前面的分析，这方面的条件并不乐观，因此俄罗斯中长期经济增长的前景也难言乐观。尽管如此，如果俄罗斯能够实施审慎明智的经济政策，未来一段时间内经济的增长仍然是值得期待的。

投资问题是目前阻碍俄罗斯经济增长的关键问题，因此，更加友好的投资环境和有利于投资增长的宏观经济政策是必要的。近两年来，俄罗斯在打造有利的营商环境方面取得了不小的成就，俄罗斯营商环境全球排名从 2014 年的 100 位之外提高到 2015 年的近前 50 位，并在 2016 年进入前 40 位，这减少了俄罗斯的资本外流并实现了外流资本的回流，2017 年上半年，俄投资增长率回到正常的水平上。与此同时，俄罗斯通胀率在 2017 年下降到 4% 以下，为实行相对宽松的货币政策打开了空间。在主权债务和私人债务负担方面，俄罗斯也处于相对安全的水平，因此，存在运用财政政策刺激经济的条件。在这种情况下，俄罗斯宏观经济政策的选择对经济增长的影响就非常重要了。预测俄罗斯未来的经济增长，需要认真观察和分析俄罗斯的宏观经济政策。

对 2017 年俄罗斯宏观经济
形势的基本看法

程　伟

程伟，苏联经济学博士，美国密歇根大学高访学者。辽宁大学原党委书记、校长，教授，博士生导师，"世界经济"国家重点学科领衔教授，享受国务院政府特殊津贴。现担任教育部经济与贸易类教学指导委员会主任、中国俄罗斯东欧中亚学会副会长等，是国家社科基金评定组成员。独自撰写或主编出版学术著作近 20 部，代表作有《经济全球化与经济转轨互动研究》《世界经济十论》《美国单极思维与世界多极化诉求之博弈》等。主持国家社科基金重点项目、教育部重大攻关项目等课题 20 余项，10 余项研究成果获国家级、省部级奖励。

2017 年已到年终岁尾，对于这一年俄罗斯的经济表现，不仅其国内社会，而且国际社会也一直给予极大的关注。一方面，西方制裁以来每况愈下的俄罗斯经济在 2016 年下半年出现了向好发展的迹象，

2017 年的经济表现成为是否具有转折意义的新看点；另一方面，2018 年俄罗斯将迎来新一届总统大选，也就是说，普京将迎来他的最后一届总统任期，有鉴于此，2017 年俄罗斯经济的成败得失，更是广泛吸引世人的眼球。

如何评价 2017 年俄罗斯的经济表现，当然是仁者见仁，智者见智。这里，我仅提出以下两点基本看法。

一　直观表现：好于预期

2014 年以来，俄罗斯因克里米亚问题遭遇西方制裁以及随后出现的国际市场原油价格大幅下跌，使普京面临其执政生涯中前所未有的保持俄经济增长与稳定的双重挑战，甚至可以认为，俄已日益陷入经济衰退与宏观经济不稳定并行显现的经济危机之中。2016 年下半年，俄的经济稳定与经济增长态势双双有所改观，出现了转机的迹象。进入 2017 年，俄罗斯政府力求在经济稳定和经济增长两个方面取得新的建树。

我们首先来看俄罗斯通胀率和 GDP 增长率这两项核心指标，它们分别被视为经济稳定和经济增长的集中体现。

1. 通胀率

普京政权历来高度重视实现稳定的低通胀目标，近年来更是如此。原因在于：一是认为在西方制裁、油价低迷、国际市场行情不振、卢布贬值等不利的形势之下，实现和保持低通胀，就是保护人民的财产，尤其是保护居民的储蓄，由此，这不只是宏观经济稳定的内在要求，也是保持社会稳定的不二选择；二是认为低通胀尽管不是经济增长的充分条件，却是经济增长的必要条件，因为实现和保持低通胀，是降低企业对未来不确定性预期，进而增加发展热度的最为有效的途径。经过反复论证，俄罗斯政府将

2017 年通胀率的目标值确定为 4%。如果得以实现，将创造出历史上的最好纪录。

2017 年 1～6 月，俄罗斯的通胀率均高于 4%，平均为 4.3%。7 月，通胀率开始低于 4%，为 3.9%。之后，基本保持了下行态势。随着通胀率指标的日益趋好，俄罗斯官方不断地将其全年的通胀率预测值下调：经济发展部年初的预测值为 3.8%，年中下调到 3.2%，11 月进一步下调到 2.7%～2.8%；俄央行年初、年中和接近年底的预测值分别为 4%、3.5%～3.8% 和 3.2%。在 2017 年 12 月 14 日举行的年度记者会上，普京总统给出的通胀率估值为 2.5%。现在可以定论，不仅政府原定的通胀率 4% 的目标会实现，而且很有可能要比既定指标至少降低一个百分点。

2. GDP 增长率

与对通胀率的要求有所不同，俄政府没有对 2017 年的 GDP 增速做出具体的指标规定，目的是突出当下稳经济、调结构以及发掘和培育经济增长新引擎这一工作重心。我们注意到，2017 年初，不仅世界银行、国际货币基金组织、经合组织等国际机构不看好俄罗斯的经济增长前景，对于俄 2017 年 GDP 增长给出的预测值均不足 1%，即基本认定将为"零增长"，而且就连俄央行同样持较为悲观的态度，对于 GDP 增长给出的预测值仅为 0.6%。在俄政府高官中，对于 2017 年 GDP 突破"零增长"抱有希望的经济发展部部长奥列什金几乎是个例外，正如他在 2017 年 10 月举办的"俄罗斯在呼唤"论坛上所调侃的那样："年初时我说今年的 GDP 将增长 2%，当时在场的人都笑了，似乎无人相信我的预测。"

第一季度俄罗斯 GDP 的增长率仅为 0.5%，基本符合俄国内外大多数预测机构给出的估值。然而，第二季度 GDP 出现了超出预想的较大增长，为 2.5%。第三季度增长率有所回落，为 1.8%。至于 GDP 增速的全年平均值，梅德韦杰夫总理于 2017 年 11 月中旬曾表示为 2.0%，普京总统在年度记者会上给出的最新估值是 1.6%。

除通胀率和 GDP 增长率之外，我们再简要提及另外三项也是较为重要的宏观经济指标：一是失业率，2016 年为 5.5%，2017 年将有望创下历史最低点，即不高于 5.2%；二是财政赤字，计划指标是 GDP 占比的 3.2%，目前看大约降至 2.2%，这意味着俄联邦财政增加了上千亿卢布的可支配资金；三是国际储备，全年始终保持着 4000 亿美元以上的正常水平。

从以上给出的基本数据看，最为直观的印象可谓是，俄罗斯 2017 年的宏观经济形势尽管不宜高估，但也的确是较为明显地好于预期。

二 深度观察：不容乐观

在即将过去的 2017 年，俄罗斯巩固了宏观经济稳定的局面，也初步走出了"零增长"的陷阱。但是，如果对于俄主要的经济指标或者经济表现进行深度观察，我们就不难发现，事实上俄罗斯经济仍然面临相当严峻的挑战，其形势不容盲目乐观。

1. 通胀率

2017 年俄罗斯的通胀率将高水平达标已成事实。但同时也存在两大问题：一是居民的通胀预期（инфляционные ожидания населения）在 2017 年的大部分时间里保持在两位数的高位，直到 9 月才降到一位数，为 9.5%，显而易见，这与官方公布的通胀率统计数据相去甚远，至少是三倍的关系，进而引致人们对于通胀率真实水平的质疑；二是尽管通胀率已降至俄罗斯历史上的最低点，但因以往的经历，民众、学界乃至央行等官方机构远未消除对于发生通胀波动（волатильность инфляции）或者通胀变化无常（изменчивость инфляции）的担忧。回眸过去，2000 年以来俄罗斯先是用了 6 年的时间使通胀率降到了个位数，但

2007 和 2008 年连续两年反弹到两位数。之后，2009～2013 年保持了个位数，而 2014 年和 2015 年又重回两位数。如此看来，今后俄罗斯能否走出通胀率起伏不定的怪圈，的确还需要等待时间做出检验。

2. GDP 增长率

GDP 有望实现接近 2% 的增长率，使突破"零增长"成为现实，这固然是利好的消息。但问题在于，是什么因素促使 GDP 增长取得了这样一种超出预期的结果。俄罗斯学界较为普遍的看法是，2017 年国际市场油价较上一年明显走高，是促成 GDP 增长明显超出国内外机构预测的基本缘由。官方的看法要乐观一些，例如，经济发展部部长奥列什金认为，"经济复兴是全方位的"。再如，俄央行认为在 GDP2.0% 的增长率中，只有 0.3% 是与油价的升高因素有关，其中 1.5% 的增长是来源于潜力的增长（потенциальный рост），余下的 0.2% 来自对落后产能的关闭和调整。但无论官方还是学术界，有一点是达成高度共识的，即认为俄罗斯仍然没有摆脱对于能源经济的过度依赖，经济结构的调整尚没有见到实效。基于这种认识，不久前俄央行行长纳比乌林娜坦言，如果没有结构性改革，2017 年 GDP 增长达到的水平就是极限。梅德韦杰夫总理也强调指出，尽管俄罗斯经济已经步入增长阶段，但现在还不能将其称为"绝对稳定的增长"（абсолютно уверенный рост）。

3. 失业率

2017 年俄罗斯的失业率要比上一年的 5.5% 至少降低了 0.3 个百分点，达到历史最好水平，这是成绩的一面。但同时我们注意到这样两点：一是俄劳动力适龄人口 2016 年为 8370 万，据预测，到 2020 年将降至 8060 万，即每年大约减少 80 万，由此可见，2017 年俄罗斯失业率的下降并不完全与就业岗位的增加有关，而相当程度上是其适龄劳动力人数减少的结果；二是失业率指标的改善存在不均衡的表现，据有关资料对 2017 年 10 月中旬以前数据的统计，在俄联邦中有

45 个地区显示为失业率下降，与此同时，有 35 个地区显示的失业率则是上升的。

4. 财政赤字

如前所述，2017 年俄联邦预算赤字降到 GDP 占比 2.2% 的低位，但是非石油天然气预算赤字（ненефтегазовый дефицит бюджета）的占比仍然较高，大体上为 8%～9%，比安全警戒线 5%～6% 的水平高出 3～4 个百分点。

最后，有必要特别指出的是，其实表现最差的指标是居民的实际可支配收入。我们清楚地记得，在进入 21 世纪以来的头 13 年中，普京治下的俄罗斯居民实际可支配收入的增长从未间断过，就是在受到世界金融危机重创而 GDP 大幅下滑 7.8% 的 2009 年，居民实际可支配收入也还是增长了 1.9%。然而，2014 年开始改写历史，这一指标下降 0.7%，2015 年下降 3.2%，2016 年下降 5.9%，2017 年尽管实际工资出现小幅增长，但仍未能逆转居民实际可支配收入下降的态势。由此可见，当下的俄罗斯，宏观形势趋稳也好，经济增长向好也罢，但迄今尚未能给广大民众带来应有的实惠。

2017 年俄罗斯经济形势综述

李中海

李中海，博士，中国社会科学院俄罗斯东欧中亚研究所研究员，《俄罗斯东欧中亚研究》执行主编。研究方向为欧亚地区经济问题，主要成果：主编《普京八年：俄罗斯振兴之路（2000～2008）经济卷》；出版专著《俄罗斯经济外交：理论与实践》《俄罗斯中东欧中亚转型系列丛书：曲折的历程（中亚卷）》等。

2017 年俄罗斯经济缓慢回升，外贸、投资和消费需求同步拉动经济增长，GDP 增长率预计将达到 1.8% 左右。金融财政形势基本稳定，营商环境有所好转，企业经营条件有所改善。经济社会已逐渐适应西方制裁带来的消极影响，但经济结构调整进展不大，经济运行和政府财政仍然严重依赖于国际油价，仍未排除增长停滞甚或重新陷入衰退的风险。

一 2017 年俄罗斯经济运行情况

1. 消费、投资和对外贸易同步拉动经济增长

对外贸易是 2017 年俄经济增长的主要动力。1～8 月对外贸易总额同比增长 26.4%。商品出口 2504 亿美元，商品进口 1701 亿美元，顺差 803 亿美元。服务业出口 426 亿美元，进口 644 亿美元，逆差 218 亿美元。固定资产投资恢复增长。2017 年固定资产投资预计增长 4.1%。消费开始复苏。1～9 月，名义工资增长 6.7%，实际工资增长 2.5%，实际可支配收入下降 1.2%，零售贸易额增长 0.5%。失业率为 5% 左右。

2. 主要经济部门大都实现了平稳增长

1～10 月，工业生产指数提高 1.6%，其中原油产量增长 0.2%，天然气产量增长 12%。1～9 月，矿产资源开采增长 2.8%，制造业增长 1%。农业生产指数增长 3.8%。截至 11 月 1 日，各类粮食收成已超过上年同期水平，达到 1.35 亿多吨。1～9 月，交通运输继续增长，客运量增长 9.1%，货物交通运输增长 6.8%。建筑业尚未恢复增长，1～9 月同比下降 2%。

3. 金融形势稳定，通货膨胀水平明显下降

截至 9 月 1 日，广义货币发行量（M2）同比增长 8.9%，达到 39.42 万亿卢布。前 9 个月，信贷规模增长 4.3%，对非金融类企业信贷增长 2.8%。截至 11 月 10 日，外汇储备达到 4264 亿美元，较年初增长 501 亿美元。商业银行数量继续减少，截至 10 月 1 日，有权开展银行业务的信贷机构 574 家，同比减少 75 家。通胀水平明显下降，这是 2017 年俄经济运行的最大亮点。全年通胀率可能低于 3%，达到俄独立以来创纪录的低水平。

4. 财政形势平稳

1~8 月，联邦预算收入 96079 亿卢布，支出 99264 亿卢布，赤字 3185 亿卢布。截至 9 月 1 日，储备基金总额 10017 亿卢布，国家福利基金总额 44257 亿卢布。

二　2017 年俄罗斯经济政策的调整

2017 年俄货币政策、财政政策、产业政策和地区政策都有一些调整，俄试图通过政策调整，稳定经济金融形势，降低风险，增加可预见性，培育经济增长新动力。

1. 在货币政策方面

中央银行采取了以下措施。第一，在通货膨胀率大幅下降背景下，连续五次降息，将关键利率从 10% 下调到 8.25%。第二，改变俄货币自由浮动汇率政策，实行新的汇率干预制度。以石油价格 40 美元/桶为基点，在市场价格超过基点时，中央银行在公开市场购买美元；在市场价格低于基点时，中央银行售出美元，以此防范汇率水平大起大落。第三，继续进行银行系统重整。为整合银行系统资产、增强银行业实力，中央银行对绩效较差的商业银行进行重组。为此，建立了银行业整合基金，取代存款保险机构，向破产银行提供支持。

2. 在财政政策方面

继续执行紧缩性政策。第一，实行新的预算规则，在油价超过 40 美元/桶后，将出口税和自然资源开采税的额外收入纳入储备基金，在储备基金达到占 GDP 的 7% 以后，将额外收入纳入国家福利基金。第二，计划从 2018 年起，将储备基金和国家福利基金合并为新的国家福利基金。第三，从 2019 年起不再将国家福利基金作为融资工具和弥补预算赤字的手段。

3. 在产业政策方面

国家向重点行业、重点领域和中小企业提供支持。第一是资金支持，2017 年确定国家对关键工业领域的支持规模为 1075 亿卢布，其中向车辆制造行业提供 600 亿卢布，向农业机械行业提供 137 亿卢布，向轻工业提供 22 亿卢布，向食品机械行业提供 10 亿卢布，向道路建设技术行业提供 25 亿卢布。第二，对中小企业提供信贷优惠支持。2017 年继续执行 "6.5" 计划。"6.5" 计划的具体内容是：小企业可按 10.6%、中型企业按 9.6% 的利率为企业投资项目申请优惠信贷，提供信贷的商业银行可按 6.5% 利率向中央银行申请再融资。目前已有 45 家商业银行参与了这一计划。第三是投资支持。2017 年继续执行 "特别投资合同" 机制。"特别投资合同" 机制是俄政府支持工业发展的工具之一，由投资者和联邦政府或地方政府签订协议，投资者承诺发展工业品生产或对现有工业进行升级改造，或者引入新技术，政府方面承诺在投资期内税收和监管条件不变，并向投资者提供必要支持。第四，继续使用现有的开发机制，促进重点行业和重点地区的发展。

4. 在地区政策方面

为落后地区发展制定三大支持机制。俄政府制定了《2025 年前地区政策基本原则》，提出三大支持机制。第一，向财政收入较少的联邦主体提供补贴，使其培育税收潜力、创造工作岗位、吸引投资。第二，完善联邦主体工作绩效评价机制，按绩效扩大财政支持额度。第三，采取税收优惠刺激措施，从 2018 年起，将应纳入联邦预算的利润税收入的增量部分留归地方支配。

三 对俄罗斯经济发展前景的判断

2017 年俄经济缓慢复苏，从 2016 年下半年起，已连续多个季度实现 GDP 正增长，标志着其经济已走出衰退，进入恢复性增长轨道。

但俄罗斯经济仍未摆脱对国际能源原材料价格的依赖，经济结构调整尚需时日，经济金融领域仍存在诸多风险，经济增长尤其是转变经济增长方式的前景仍不容乐观。

1. 从短期来看

俄经济增长前景仍在很大程度上取决于国际油价的变化。俄中央银行行长纳比乌林娜近日在国家杜马发言时称，2017 年俄罗斯经济继续恢复性增长，已达到 2014 年危机前的 95%，在结构改革尚未取得进展前，俄经济增长的"天花板"是 GDP 年均增长 2%。俄中央银行计划在 2018 年底前或在 2019 年，将关键利率下调到 6% ~7% 的水平，但不会使用货币政策刺激经济增长，中央银行货币政策的重点仍然是实行通胀目标制。俄经济发展部制定的经济发展预测和规划指出，俄经济增长幅度仍将取决于国际油价，两者之间有直接的弹性关系：油价每上涨 5 美元/桶，在不执行"预算规则"情况下，GDP 将增长 0.4 ~0.5 个百分点，在执行"预算规则"情况下，GDP 增长 0.1 ~0.2 个百分点。此外，2017 年通胀快速下降可能导致 2018 年产生通缩风险。一般认为，对经济最有利的通胀水平是消费物价每年上涨 3% 左右，且货币发行量应温和提高。俄执行紧缩性的货币政策和财政政策，可能使本就存在的流动性不足问题越发严重，形成通货紧缩，对 2018 年的经济增长带来新的风险。

2. 从长期来看

俄罗斯经济发展前景取决于其能否找到适合本国国情的经济发展道路。长期以来，俄政府为控制战略资源、重要行业和骨干企业，采取了一系列措施，政府对经济资源的控制力明显增强。但在经济政策方面，俄政府一直秉持货币主义思想，长期实行"双紧缩政策"，对经济增长有很强的抑制作用。在货币政策方面，单纯强调中央银行的独立性和单一货币规则，将控制通胀作为货币政策的首要目标，而不兼顾经济增长。2017 年，中央银行虽多次降息，对商业银行扩大信贷规模起到一定作用，但其货币政策仍维持中性，流动性不足的问题可能将持续下去。在财政政策方面，俄政府一直坚持"量入为出"的政策，虽然在政府财力有余的情况下，对地方和企业发展提供部分资金，但总体上对政府开支仍然非常谨慎，财政政策对经济发展所起的效力有限。在产业政策方面，俄经济界迷信市场制度，认为市场制度建成并完善后，各产业部门会按市场规则自主发展，如果对某些特定部门提供特殊支持，就会有悖市场经济原则，就是回到了"动员型"经济的老路上，是一种倒退。近年来俄政府倾向于开始实行产业政策，但更多的是从反危机角度出发采取的权宜之计。当前俄政府经济主管部门的领导人都是自由市场经济模式的拥护者，他们能否为俄罗斯找到一条新的经济发展道路，需要继续观察。

"大欧亚"：俄罗斯与中国的视角

李　新

李新，上海国际问题研究院俄罗斯中亚研究中心主任，研究员。上海财经大学世界经济专业博士生导师。"文明对话"国际研究所（柏林）董事会成员。中国民主建国会中央经济委员会委员，中国民主建国会上海市委员，"一带一路"委员会执行主任。享受国务院政府特殊津贴。以中、俄、英等文字发表学术论文150余篇，出版《俄罗斯经济再转型：创新驱动现代化》等专著多部。目前主持国家社会科学基金重点项目"丝绸之路经济带建设研究"，并连续发布该项目的一系列研究报告。

2016年6月，俄罗斯总统普京在圣彼得堡国际经济论坛上呼吁欧亚经济联盟与中国、印度、巴基斯坦、伊朗等国共同建设大欧亚伙伴关系①。2017 年 9 月，瓦尔代俱乐部发布的《奔向大洋 5：从向东转到大欧亚》② 报告，进一步勾画了"大欧亚"的基本架构和"路线图"。这标志着俄罗斯对外政策发生了根本性的变化。

一　俄罗斯"大欧洲"梦想之破灭

2015 年 9 月，俄罗斯前外长、国际事务委员会主席 И. 伊万诺夫在拉脱维亚首都里加举行的第 20 届波罗的海论坛"美国、欧盟与俄罗斯：新现实"研讨会上承认"大欧洲"计划已经无果而终③。这里的"大欧洲"计划有两个方面的含义：其一是俄罗斯积极融入欧洲的计划；其二是欧盟和北约东扩的计划。

俄罗斯民族具有根深蒂固的欧洲中心主义。俄罗斯历史上贯穿着西化派与斯拉夫本土派的斗争，各派势力交替，但西化派努力将俄罗斯扳回欧洲发展轨道上的企图始终未能如愿。1963 年，时任法国总统戴高乐曾向苏联驻法国大使 C. 维诺格拉多夫私下表示："我们与苏联共同建设欧洲的时候到了。"④ 但是直到 1985 年才真正开启"大欧洲"时代。为了建设"从里斯本到符拉迪沃斯托克的欧洲共同大厦"，苏联领导人同意了东德与西德的合并和东欧与西欧的和解。为

---

①　Выступление В. Путина 17 июня 2016 года на пленарном заседании XX Петербургского международного экономического форум，http：//www. kremlin. ru/events/president/news/52178.

②　Караганов С. А. и др.，долад Международного дискуссионного клуба《Валдай》，К Великому океану － 5：от поворота на Восток к Большой евразии. Москва，сентябрь 2017. Cc. 31－47，http：//www. ru. valdaiclub. com/files/17048/

③　Игорь Иванов，Закат Большой Европы － выступление на XX ежегодной конференции Балтийского форума《США，ЕС и Россия － новая реальность》，12 сентября 2015 г.，Рига，Латвия.

④　转引自 Дмитрий Сумушин，《Большая Европа》или《Большая Евразия》：пора менять не только риторику. https：//eadaily. com/ru/news/2015/09/22/bolshaya － evropa － ili － bolshaya － evraziya － pora － menyat － ne － tolko － ritoriku。

此付出的代价是苏联被彻底肢解，而俄罗斯精英阶层试图通过"休克疗法"使自己的新地位在欧洲合法化，并与欧盟、北约签署了一系列合作文件，标志着"大欧洲"计划的实际启动。普京在其总统第一任期内与欧盟就建设经济、安全、人文和教育四个方面的"共同空间"达成一致，并制定了"从里斯本到符拉迪沃斯托克大欧洲"的"路线图"。

戴高乐早在 1962 年就描述了西方的"大欧洲"计划，即要从大西洋到乌拉尔山消除"东方过时的意识形态"①。30 年后，布热津斯基在其《大棋局：美国的首要地位及其地缘战略》一书中做出进一步的布局：（在美国的保护下）欧洲和北约向后苏联空间扩张，实现欧亚地区地缘政治多元化，使俄罗斯政治体制非集中化，放弃帝国遗产和帝国复辟，不允许能够向美国统治地位提出挑战的任何集团存在②。历史的进程按照布热津斯基的计划稳步推进，欧盟和北约吸纳东欧之后，开始将触角伸向后苏联空间。从支持"古阿姆集团"（GUAM）摆脱对俄罗斯的依赖，到 2003 年欧盟启动"大欧洲 – 邻国"和 2009 年"东方伙伴关系"计划，欲将乌克兰、摩尔多瓦、白俄罗斯、格鲁吉亚、阿塞拜疆和亚美尼亚纳入其麾下。同时西方还在后苏联空间策划了一系列成功和不成功的"颜色革命"，试图扶持亲西方政权，如格鲁吉亚的"玫瑰革命"、吉尔吉斯斯坦的"郁金香革命"、乌克兰的"橙色革命"、阿塞拜疆的"紫罗兰革命"、乌兹别克斯坦的"安集延事件"和白俄罗斯的"牛仔革命"等。

---

① 转引自 Дмитрий Сумушин，《Большая Европа》или《Большая Евразия》: пора менять не только риторику. https://eadaily.com/ru/news/2015/09/22/bolshaya – evropa – ili – bolshaya – evraziya – pora – menyat – ne – tolko – ritoriku。

② 〔美〕兹比格纽·布热津斯基：《大棋局：美国的首要地位及其地缘战略》，中国国际问题研究所译，上海世纪出版集团，2007，第 2、26、41 页。

俄罗斯融入欧洲的计划最终变成了欧洲和北约东扩的事实，美国甚至开始在东欧部署反导系统。2006 年的慕尼黑安全会议成为俄罗斯与西方关系的转折点。针对西方的步步紧逼，俄罗斯一方面积极加强军备建设以及战略武器的研发和部署；另一方面开始加强后苏联空间的欧亚一体化进程。2010 年，启动了俄罗斯、白俄罗斯、哈萨克斯坦关税同盟。2011 年，俄、白、哈三国元首连续在《消息报》上发表文章，表示要共同建设欧亚联盟，打响了后苏联空间保卫战。乌克兰成为这场争夺战中最悲惨的牺牲品。2014 年，西方对俄罗斯采取严厉制裁，成为俄罗斯对外政策转向的分水岭。

二　俄罗斯从"向东转"到"大欧亚"

2015 年，中国和俄罗斯两国元首签署《关于丝绸之路经济带建设与欧亚经济联盟建设对接合作的联合声明》，俄罗斯从中国获得对欧亚经济联盟的政治支持，标志着俄罗斯对外政策彻底转向东方。需要指出的是，与西方相比，亚洲在俄罗斯战略优先方向上一直被排在次要的位置上。就像俄罗斯国徽上的双头鹰，更多的是盯着西方而不是东方。面对西方咄咄逼人的挤压和制裁，俄罗斯对外政策的方向不得不转向东方。

与此同时，俄罗斯遭遇西方的制裁，加之其原有的经济结构问题，使俄的经济在 2014 年停止了增长，2015 年陷入衰退。而此时国际石油价格的突然腰斩更是对俄罗斯缺乏多元化经济的致命打击。俄罗斯现有的经济发展模式危机与西方制裁和能源价格下跌叠加在一起，严重殃及欧亚经济联盟其他伙伴国，它们的经济状况高度依赖一家独大的俄罗斯。显然，俄罗斯对继续经营欧亚经济联盟已深感力不从心。而在此背景下，俄对中国强大的经济实力以及关于中国与其争夺中亚的顾虑与日俱增。

对俄罗斯对外政策具有重大影响作用的瓦尔代国际辩论俱乐部早在 2012 年发布的报告中就明确表示："随着中国经济、技术和军事实力的强劲上升，遏制中国的任务越来越迫切。"① 中国的"一带一路"倡议在俄罗斯看来是一个严峻的挑战。俄国精英认为，"一带一路"就是要加强中国在中亚的经济存在，进而在中亚的地缘政治和地缘战略存在，破坏俄主导的欧亚联盟。不过，俄罗斯著名的中国问题专家A. 卢金和俄罗斯科学院远东研究所所长 C. 卢贾宁则不认同对中国进行遏制的做法，他们认为："对中国的邻国特别是俄罗斯和中亚国家来说，必须认识到在可预见的未来中国影响力的上升是不可避免的。鉴于此，必须选择为了自身发展而利用的方针，而不是对其进行无望的遏制。"② 实际上，俄罗斯对"一带一路"倡议面临"三难选择"：其一，遏制，力不能及；其二，不参与，自绝于世界经济和政治体系；其三，参与，等于默认中国在中亚的势力扩张。大部分俄罗斯学者认为，与其对中国进行力所不能及的遏制，不如选择参与，利用中国的经济实力满足自身的利益。于是，2015 年俄罗斯选择了欧亚经济联盟对接"一带一路"，从而获得中国对其欧亚经济联盟做出政治支持和保证。

随着俄罗斯对外政策向东转，并参与"一带一路"建设，俄罗斯开始担心对中国形成单方面的过度依赖。莫斯科卡耐基中心主任特列宁担心："俄罗斯具有完全倒向中国的危险，从都柏林到符拉迪沃

---

① М. Барабанов, К. Макиенко и др., Аналитический доклад Международного дискуссионного клуба 《Валдай》, Военная реформа: на пути к новому облику российской армии. Москва, июль 2012. Cc. 9, 11 – 12, http://www. vid - 1. rian. ru/ig/valdai/military_ reform_ rus. pdf.

② А. Лукин, С. Лузянин, Ли Синь и др., Китайский глобальный проект для Евразии: постановка задачи. Аналитический доклад под ред. В. Якунина. М.: Научный эксперт. 2016, c. 9.

斯托克的'大欧洲'计划可能被从上海到彼得堡的'大亚洲'方针所取代。"他提醒俄罗斯当局，向东转，不应当转向中国，而是转向"大亚洲"，要加强与日本、韩国、东盟和印度的关系。莫斯科在亚太地区的战略应该以全面的和全球性的视野建设更加广泛的"大欧亚"①。俄罗斯国防和对外政策委员会主席 C. 卡拉甘诺夫针对中国成为俄罗斯第一大贸易和第二大投资伙伴，认为重要的是要使亚洲贸易多元化，避免对即便是友好的中国的高度依赖。他进一步主张在欧亚大陆建立一个以俄罗斯为核心的非西方的地缘政治集团——"大欧亚共同体"②。A. 卢金和 C. 卢贾宁等主张从地缘政治角度考虑，"借助丝绸之路经济带对欧亚经济联盟和上合组织进行结构改造，将俄罗斯从东西方之间的'桥梁'变成'欧亚的心脏'"③，以扩大的上合组织为平台建设"大欧亚共同体"。C. 卡拉甘诺夫坚信，21 世纪正在形成以美国为首的与以俄罗斯和中国为核心的"大欧亚共同体"两大新的地缘政治集团④。因而俄罗斯对外政策进入了欧亚时代。

三　俄罗斯"大欧亚"战略目标

俄罗斯"大欧亚共同体"设计师 C. 卡拉甘诺夫认为，欧亚经济联盟与丝绸之路经济带对接的联合声明对扩大俄罗斯、中国、哈萨克斯坦、上合组织其他伙伴国，以及印度、伊朗、韩国、巴基斯坦，还

① Д. Тренин, Россия и мир в XXI веке. Серия русский путь. Москва, Эксмо. 2015. С. 185.

② С. Караганов, Евроазиатский выход из европейского кризиса. Россия в глобальной политпке. №3, 2015.

③ А. Лукин, С. Лузянин, Ли Синь и др., Китайский глобальный проект для Евразии: постановка задачи. Аналитический доклад под ред. В. Якунина. М.: Научный эксперт. 2016, стр. 82.

④ С. Караганов, Евроазиатский выход из европейского кризиса. Россия в глобальной политпке. №3, 2015.

有以色列、土耳其之间的合作赋予了更加强大的生命力，并将其称为"大欧亚共同体"，其核心是丝绸之路经济带对接欧亚经济联盟①。他表示："欧亚国家共同的经济、政治和文化的复兴和发展，把欧亚变成世界经济和政治的中心。"②

C. 卡拉甘诺夫还设计了"大欧亚共同体"的基本原则，如在国际法传统价值观基础之上尊重主权和领土完整，共同维护和平与稳定；尊重政治多元化，拒绝相互干涉内政；经济开放，降低国际贸易和投资壁垒，拒绝经济关系政治化，坚持以互利共赢的原则开展经济合作；建立从雅加达到里斯本整个欧亚大陆的发展、合作和安全体系等③。

C. 卡拉甘诺夫强调，俄罗斯的"大欧亚"将会瞄准"俄罗斯地缘战略和地缘经济未来的定位，即正在上升的大陆的核心，成为整个欧亚大陆重要的交通和经济枢纽之一和最重要的安全提供者"。俄罗斯应"在欧亚地区建立和复兴文化合作方面理所当然地发挥核心作用"。同时他也强调与中国的合作："在这个建设过程中首要发挥重要作用的理所当然是俄罗斯 - 中国轴心。"④ 俄罗斯 Г. 伊瓦申佐夫大使不加掩饰地指出："今天统一的欧亚即中国与东南亚和俄罗斯与欧亚联盟正在挤压早先不可一世的美、欧、日经济'三重奏'。"⑤

尽管俄罗斯认识到，没有中国的合作不可能实现其"大欧亚"

---

① С. Караганов, Евроазиатский выход из европейского кризиса. Россия в глобальной политпке. №3, 2015.

② С. Караганов, От поворота на Восток к Большой Евразии: гдлбальный контект. Муждународная жизнь, 5. 2017. С. 11.

③ С. Караганов, От поворота на Восток к Большой Евразии: гдлбальный контект. Муждународная жизнь, 5. 2017. С. 13.

④ С. Караганов, От поворота на Восток к Большой Евразии: гдлбальный контект. Муждународная жизнь, 5. 2017. С. 13.

⑤ Г. Ивашенцов. Путь к мирной Евразии. 14 мая 2015 г., http: // russiancouncil. ru/en/inner/? id_ 4 = 5918#top – content.

战略任务，要与中国合作共同建立一个新的世界秩序——"大欧亚共同体"，但如前所述，俄罗斯对中国的崛起和"一带一路"仍充满警惕。所以 C. 卡拉甘诺夫认为："需要让俄罗斯作为连接整个欧亚大陆的核心实现最优的地缘政治和地缘经济地位，并为中国营造一个友好和建设性的均衡态势，使得这个国家对其邻国来说不至于'过于强大'和成为潜在的霸主。"① T. 博尔达乔夫更是强调："俄罗斯的主要目标是将丝绸之路经济带变成巩固和完善欧亚经济联盟的工具，最终用丝绸之路经济带的资源来奠定大欧亚经济政治共同体的基础。"②

四　俄罗斯"大欧亚共同体"的"路线图"

首先，俄罗斯把上合组织看作"大欧亚"建设的基础和平台。瓦尔代俱乐部在 2015 年就强调，"上合组织的迅速发展可以成为建立'大欧亚共同体'这一潜力巨大的计划的核心机制"③。C. 卡拉甘诺夫指出，"俄罗斯和中国开始建设的大欧亚地缘经济和地缘政治大厦的基础已经显现出来，这一大厦的联系纽带理所当然是上合组织"④。并进一步认为，"大欧亚共同体，它开始围绕正在扩大的和日益强壮的上合组织进行建设"⑤。俄罗斯科学院社会科学学术

---

① С. Караганов, С Востока на Запад, или Большая Евразия. Российская газета - Федеральный выпуск №7109, 24. 10. 2016 г., с. Власть.

② Т. Бордачёв, Новое евразийство, Россия в глобальной политике. №2, 2015 г..

③ С. Караганов, Т. Бордачев и др., доклад Международного дикуссионного клуба 《Валдай》, К Великому океану - 3: Создание Центральной Евразии. Москва, июнь 2015 года. С. 14.

④ С. Караганов, С Востока на Запад, или Большая Евразия. Российская газета - Федеральный выпуск №7109, 24. 10. 2016 г., с. Власть.

⑤ С. Караганов, Поворот к Азии: история политической идеи. Россия в глобальной политике. №6, 2015.

信息研究所副所长 Д. 叶夫列缅科明确表示，"上合组织是建设大欧亚的孵化器"①。特列宁也认为："上合组织将为大欧亚提供政策沟通和协调、共同经济发展、金融支持和安全领域合作的机制"②。А. 卢金和 С. 卢贾宁也明确表示以扩大的上合组织为平台建设"大欧亚共同体"③。在俄罗斯的极力支持下，2016 年上合组织成功扩员，吸纳印度和巴基斯坦加入，这标志着俄罗斯"大欧亚"战略迈出了实质性的第一步。俄罗斯已经就下一步把伊朗拉入上合组织进行积极准备。

其次，以丝绸之路经济带对接欧亚经济联盟作为建设"大欧亚"的抓手。С. 卡拉甘诺夫称，"大欧亚共同体"的核心就是丝绸之路经济带对接欧亚经济联盟。А. 卢金和 С. 卢贾宁等也发现丝绸之路经济带为将"俄罗斯从东西方之间的'桥梁'变成'欧亚的心脏'"创造了机会，其"核心环节应当是借助丝绸之路经济带对欧亚经济联盟和上合组织进行结构改造"④。

最后，С. 卡拉甘诺夫还为俄罗斯建设"大欧亚"规划了几个步骤。即利用现有发展趋势将各国、现有组织和对话平台的行为纳入一个统一轨道，目标是形成新的地缘经济、地缘政治和地缘文化共性——伙伴关系，然后建设"大欧亚共同体"。建设这样的伙伴关系，理所当然的谈判平台就是上合组织，必须赋予该组织更大的能量，把它从局限的地区组织变成"大欧亚共同体"的组织。

---

① Д. Ефременко, Рождение Большой Евразии. 2017 年 1 月 31 日，欧亚研究中心网，http：//www. eurasian – studies. org/archives/2821。

② Д. Тренин, От Большой Европы к Большой Азии？ Китайско – российская АнтантаРоссия в Глобальной политике. №3, 2015.

③ А. Лукин, С. Лузянин, Ли Синь и др., Китайский глобальный проект для Евразии： постановка задачи. Аналитический доклад под ред. Владимира Якунина. М.： Научный эксперт. 2016, стр. 82.

④ А. Лукин, С. Лузянин, Ли Синь и др., Китайский глобальный проект для Евразии： постановка задачи. Аналитический доклад под ред. Владимира Якунина. М.： Научный эксперт. 2016, стр. 82.

五　中国首倡"大欧亚"经济一体化进程

2016 年 6 月 17 日，俄罗斯总统普京在圣彼得堡国际经济论坛开幕式上发出建设"大欧亚伙伴关系"的倡议。一周之后的 6 月 25 日，普京在访华时与中国国家主席习近平签署的《中华人民共和国和俄罗斯联邦联合声明》表示："中俄主张在开放、透明和考虑彼此利益的基础上建立欧亚全面伙伴关系，包括可能吸纳欧亚经济联盟、上海合作组织和东盟成员国加入。"① 这两件事情联系在一起给人一种感觉，似乎中国迎合了俄罗斯的"大欧亚"战略，其实，这只是一种错觉而已。最早从地缘经济意义上着眼整合欧亚大陆及其周边"大欧亚"的，应该是中国国家主席习近平提出的"一带一路"倡议。

2013 年，习近平发出与相关国家和地区共建"一带一路"的重大倡议。他虽然没有使用"大欧亚"概念，但他强调："'一带一路'建设根植于丝绸之路的历史土壤，重点面向亚欧非大陆。"② 国务院授权发布的《推动共建丝绸之路经济带和 21 世纪海上丝绸之路的愿景与行动》在欧亚大陆规划了中国 - 中亚 - 西亚、新亚欧大陆桥、中国 - 中南半岛、中巴、中蒙俄和孟中印缅六大经济走廊③，国家发改委和国家海洋局共同发布的《"一带一路"海上合作设想》规划了中国 - 印度洋 - 非洲 - 地中海、中国 - 大洋洲 - 南太平洋和经北冰洋连接欧洲的三大蓝色经济通道④。"'一带一路'贯穿欧亚大陆，东边

---

① 《中华人民共和国和俄罗斯联邦联合声明》，《人民日报》2016 年 6 月 26 日，第 2 版。
② 《携手推进"一带一路"建设——习近平在"一带一路"国际合作高峰论坛开幕式上的讲话》，《人民日报》2017 年 5 月 15 日。
③ 《推动共建丝绸之路经济带和 21 世纪海上丝绸之路的愿景与行动》，《人民日报》2015 年 3 月 29 日。
④ 我国发布《"一带一路"建设海上合作设想》（全文）。中国网新闻中心：http://www.china.com.cn/news/2017 - 06/20/content_ 41063034. htm，2017 年 6 月 20 日。

连接亚太经济圈，西边连接欧洲经济圈。"①

2015 年 5 月，中俄两国元首签署《关于丝绸之路经济带建设和欧亚经济联盟建设对接合作的联合声明》。习近平表示："深入推进两国发展战略对接和'一带一路'建设同欧亚经济联盟建设对接合作，进而在欧亚大陆发展更高水平、更深层次的经济合作关系。"②

2015 年 12 月，普京在总统咨文中"建议与欧亚经济联盟一起与上合组织和东盟成员国以及正在加入上合组织的国家就建立可能的经济伙伴关系进行磋商"③。2016 年 5 月，普京在俄罗斯-东盟对话系列会议上表示，除了"欧亚联盟与东盟建设自贸区"之外，"另一个具有前景的区域经济一体化方向可能是欧亚经济联盟、东盟、上合组织和'一带一路'的相互对接"④。2016 年 6 月，普京在圣彼得堡国际经济论坛开幕式上明确发出了建设"大欧亚伙伴关系"的倡议："建议考虑建设有欧亚经济联盟及与其有着紧密关系的中国、印度、巴基斯坦、伊朗，以及我们的独联体伙伴和其他感兴趣的国家和组织参与的大欧亚伙伴关系。"⑤

作为国家领导人第一次提出"大欧亚"概念的是哈萨克斯坦总统纳扎尔巴耶夫。2015 年 9 月，他在联大发言中呼应习近平主席提

---

① 《团结互助，共迎挑战，推动上海合作组织实现新跨越——习近平在上海合作组织成员国元首理事会第 15 次会议上的讲话》，《人民日报》2015 年 7 月 11 日。

② 《习近平出席〈中俄睦邻友好合作条约〉签署 15 周年纪念大会并发表重要讲话》，《人民日报》2016 年 6 月 26 日。

③ В. Путин, Послание Президента Федеральному Собранию. 3 декабря 2015 года. 俄罗斯总统网站：http://www.kremlin.ru/events/president/news/50864。

④ Выступление В. Путина во встрече глав делегаций - участников саммита Россия - АСЕАН с представителями Делового форума, http://russian - asean20.ru/transcripts/20160520/194566.html.

⑤ Выступление В. Путина 17 июня 2016 года на пленарном заседании XX Петерсбургского международного экономического форума, http://www.kremlin.ru/events/president/news/52178.

出的"一带一路"倡议时表示："团结在大欧亚思想周围的时代已经到来，它将欧亚经济联盟、丝绸之路经济带和欧盟联合成 21 世纪统一的一体化项目。"① 哈总统提出的"大欧亚"思想旨在实现各一体化计划的和谐与合作，其中包括成员国贸易关系的自由化，共同开发交通走廊、能源运输路线多元化，扩大投资合作以及其他经济合作问题。

由此可见，无论是最早呼吁聚焦"大欧亚思想"的哈萨克斯坦总统纳扎尔巴耶夫，还是随后提出"大欧亚伙伴关系"倡议的俄罗斯总统普京，都是顺应了中国国家主席习近平首倡"一带一路"的大势，将本国经济发展战略与"一带一路"倡议进行对接，以期在欧亚大陆经济一体化进程中实现自身利益最大化。"大欧亚"作为欧亚大陆经济一体化进程，符合中、俄、哈及亚欧非大陆其他国家繁荣经济的共同利益。

六　"一带一路"与"大欧亚伙伴关系"：欧亚区域经济一体化融合发展

习近平主席在 2017 年 5 月北京"一带一路"国际合作高峰论坛上表示："中国将积极同'一带一路'建设参与国发展互利共赢的经贸伙伴关系，促进同各相关国家贸易和投资便利化，建设'一带一路'自由贸易网络，助力地区和世界经济增长。"② 2015 年 3 月发布的《推动共建丝绸之路经济带和 21 世纪海上丝绸之路的愿景与行

---

① Полный текст выступления Нурсултана Назарбаева на 70 - й сессии Генассамблеи ООН. , http：//www. diapfzon. kz/kazakhstan/kaz - politics/75936 - polnyy - tekst - vystuplenienursultana - nazarbaeva - na - 70 - y - sessii - genassamblei - oon - video. html.

② 《携手推进"一带一路"建设——习近平在"一带一路"国际合作高峰论坛开幕式上的讲话》，《人民日报》2017 年 5 月 15 日。

动》明确指出，共建"一带一路""旨在促进经济要素有序自由流动、资源高效配置和市场深度融合，推动沿线各国实现经济政策协调，开展更大范围、更高水平、更深层次的区域合作"①。共建"一带一路"致力于亚欧非大陆及附近海洋的互联互通，"努力实现区域基础设施更加完善，安全高效的陆海空通道网络基本形成，互联互通达到新水平；投资贸易便利化水平进一步提升，高标准自由贸易区网络基本形成，经济联系更加紧密"②。投资贸易合作是"一带一路"建设的重点内容，"着力研究解决投资贸易便利化问题，消除投资和贸易壁垒，构建区域内和各国良好的营商环境，积极同沿线国家和地区共同商建自由贸易区"③。国务院发布的《关于加快实施自由贸易区战略的若干意见》做出重大部署："重点是加快与周边、'一带一路'沿线以及产能合作重点国家、地区和区域经济集团商建自由贸易区。"④ 近期，要加快正在进行的自由贸易区谈判进程，积极推动与我国周边大部分国家和地区建立自由贸易区；中长期，形成包括邻近国家和地区、涵盖"一带一路"沿线国家以及辐射五大洲重要国家的高标准全球自由贸易区网络。目前，中国与东盟、韩国、澳大利亚、新西兰、瑞士等 15 个经济体签署了自由贸易和更紧密贸易关系协定，正在谈判的自贸区（包括升级版）有 11 个，包括区域全面经济合作伙伴关系（RCEP），还有 11 个自贸区正在研究之中。

---

① 《推动共建丝绸之路经济带和 21 世纪海上丝绸之路的愿景与行动》，《人民日报》2015 年 3 月 29 日。

② 《推动共建丝绸之路经济带和 21 世纪海上丝绸之路的愿景与行动》，《人民日报》2015 年 3 月 29 日。

③ 《推动共建丝绸之路经济带和 21 世纪海上丝绸之路的愿景与行动》，《人民日报》2015 年 3 月 29 日。

④ 《国务院关于加快实施自由贸易区战略的若干意见》，中国政府网站：http://www.gov.cn/zhengce/content/2015 – 12/17/content_ 10424. htm，发布日期：2015 – 12 – 17。

如前所述，俄罗斯"大欧亚伙伴关系"战略具有强烈的地缘政治和地缘战略性质，但是鉴于俄罗斯越来越孤立于世界经济体系，况且国内严重的经济结构痼疾已经难以支撑欧亚经济联盟，俄罗斯不得不将"大欧亚"战略的经济内涵瞄准亚太经济一体化进程这个世界经济火车头。瓦尔代国际辩论俱乐部创始人 C. 卡拉甘诺夫也主张将"大欧亚"的目标设定为通过逐步形成的囊括整个大陆的自由贸易区来提高各国和人民的福利水平。他为此设计的"经济路线图"包括：制定协商一致的大欧亚交通战略；建立评级体系；支持亚洲基础设施投资银行和其他区域性银行，建立与 SWIFT 平行的排除将其作为经济战武器使用并促使国际金融秩序稳定的体系；扩大本币结算贸易，建立独立的支付体系；建立与经合组织平行的并与之合作的经济信息中心；建立应对气候和技术灾难以及后危机复苏的欧亚互助网络甚至是组织[①]。俄罗斯"大欧亚伙伴关系"主张欧亚经济联盟、上合组织、东盟与"一带一路"对接，坚持欧亚经济联盟与东盟建立自贸区。普京甚至试图"在整个欧亚大陆范围内实现'和谐的'自由贸易和市场开放原则"[②]。目前俄罗斯与越南已经签署自由贸易协定，与印度已经启动自贸区谈判，与新加坡、印度尼西亚、泰国、马来西亚等正在计划研究自由贸易的可能性。

七　欧亚全面伙伴关系定位和基本原则

2016 年 6 月 25 日，俄罗斯总统普京访华期间与中国国家主席习近平签署《中华人民共和国和俄罗斯联邦联合声明》，"主张在开放、

---

① С. Караганов, От поворота на Восток к Большой Евразии：гдлбальный контект. Муждународная жизнь, 5. 2017. С. 18.

② В. Путин, Новый интеграционный проект для Евразии － будущее рождается сегодня. Известия, 3 октября 2011 года.

透明和考虑彼此利益的基础上建立欧亚全面伙伴关系"①。欧亚全面伙伴关系是中俄两国在世界区域经济一体化发展大趋势的基础上，根据习近平"一带一路"和普京"大欧亚伙伴关系"共同提出来的重大倡议。

2016 年 9 月，笔者参加中国社会科学院俄罗斯东欧中亚研究所所长李永全教授主持的外交部关于欧亚全面伙伴关系课题专家组工作，其提交的一份研究报告——《欧亚全面伙伴关系：中国方案》主张，首先，"欧亚"不是特指欧洲和亚洲边界沿线国家和地区，即欧亚大陆的核心部分，更不是特指后苏联空间，而是指包括欧洲和亚洲甚至非洲在内的参与"一带一路"的所有国家；其次，欧亚全面伙伴关系应该聚焦欧亚大陆及其周边地区的区域经济一体化进程，而不是地缘政治集团，欧亚全面伙伴关系以"一带一路"为纽带，以丝绸之路经济带对接欧亚经济联盟，海上丝绸之路贯穿东盟、印度洋、地中海，并与俄罗斯北方海航道对接建设"冰上丝绸之路"，陆上六大经济走廊畅通亚太经济圈和欧洲经济圈为基本框架，整合欧亚经济联盟、上合组织经济合作、东盟乃至 RCEP 等欧亚地区现有众多经济一体化进程，共同致力于欧亚地区区域经济一体化发展。

令人欣慰的是，本报告的基本主张得到了中俄两国领导人的肯定，将"欧亚全面伙伴关系"进一步明确为"欧亚经济伙伴关系"。2017 年 7 月，习近平主席与普京总统在莫斯科签署的《中华人民共和国和俄罗斯联邦关于进一步深化全面战略协作伙伴关系的联合声明》指出："双方将在开放、透明和考虑彼此利益的基础上，为推动地区一体化进程，继续就构建'欧亚经济伙伴关系'制定相关措施。"② 2017 年 11 月，李克强和梅德韦杰夫在北京签署的《中俄总理

---

① 《中华人民共和国和俄罗斯联邦联合声明》，《人民日报》2016 年 6 月 26 日。
② 《中华人民共和国和俄罗斯联邦关于进一步深化全面战略协作伙伴关系的联合声明》，《人民日报》2017 年 7 月 5 日。

第二十二次定期会晤联合公报》进一步明确"支持在欧亚大陆建立经济伙伴关系"①。

欧亚经济伙伴关系，旨在遵循 WTO 基本规则的前提下，在整个欧亚大陆达成自由贸易协定，通过整合现有资源，加强区域经济贸易合作，全面实现整个欧亚地区的贸易和投资自由化，商品、资本、技术和服务自由流通，使得经济资源在整个欧亚地区实现有效配置，推动地区经济的繁荣发展。涉及的主要议题可以包括货物贸易、服务贸易、投资、经济技术合作、知识产权、竞争政策、争端解决机制和其他根据形势需要加入的谈判内容。

欧亚经济伙伴关系将成为继 APEC、TPP、TTIP 之后第四个洲际超级区域经济一体化联合体。目前排挤欧亚大陆主要国家的 TPP 已被美国束之高阁，与此同时，TTIP 也遭遇欧洲国家的抵制。如果欧亚全面伙伴关系能够实现突破性发展，对代表广大发展中国家利益的欧亚地区新兴经济体来说具有重大地缘经济意义，对推动全球经济体系的改革和对发展中国家参与全球经济贸易规则的制定具有重大现实意义。

鉴于整个欧亚大陆地区的经济多元性、安全复杂性以及宗教和文化传统多样性，欧亚经济伙伴关系谈判在坚持统一性原则的前提下，也必须具有一定的灵活性。有鉴于此，欧亚经济伙伴关系谈判应坚持开放合作，和谐包容，互利共赢，共同发展；透明度原则和非歧视原则以及统一性和灵活性。

八　欧亚经济伙伴关系建设路线图

首先，以上合组织为平台，推进欧亚区域经济一体化发展。2015年12月签署的《中俄总理第二十次定期会晤联合公报》明确指出：

---

① 《中俄总理第二十二次定期会晤联合公报》，《人民日报》2017年11月2日。

"双方认为上海合作组织是实现丝绸之路经济带建设与欧亚经济联盟建设对接的最有效平台。"① 上合组织 8 个成员国、4 个观察员国和 6 个对话伙伴国都是"一带一路"沿线的重要国家。上合组织发表的宣言不仅"支持中国关于建设丝绸之路经济带的倡议"②，而且还"认为该倡议契合上合组织发展目标"③。

其次，以丝绸之路经济带对接欧亚经济联盟为抓手，硬件基础设施和软件基础设施两方面对接齐头并进，开辟"整个欧亚大陆的共同经济空间"。

软件基础设施对接，主要是解决中国与伙伴国之间贸易和投资规则、技术标准、法律基础等涉及相互贸易、投资和经济合作的各种制度安排的对接和相互适应，并制定相关的统一规则和制度安排。目的是优化市场软环境，推进贸易和投资便利化、自由化，减少乃至消除有形和无形的贸易壁垒，消除各种要素在不同经济体之间自由流动的障碍，基本目标是建设自由贸易区。

硬件基础设施对接，主要是指在双边和小多边层面加快基础设施互联互通建设，务实推进经济走廊的畅通。其中包括陆上六大经济走廊，畅通整个欧亚大陆的共同经济空间；海上三大蓝色经济通道开辟环绕亚欧非大陆的便利化海洋运输和海洋资源开发利用合作新格局。

本文系国家社会科学基金重点研究项目"丝绸之路经济带建设研究"（项目批准号：14AGJ006）阶段性研究成果。

---

① 《中俄总理第二十次定期会晤联合公报》，《人民日报》2015 年 12 月 18 日。
② 《上海合作组织成员国元乌法宣言》，《人民日报》2015 年 7 月 11 日，第 3 版。《上海合作组织成员国元首理事会会议新闻公报》，《人民日报》2015 年 7 月 11 日。
③ 《上海合作组织成员国中方首脑（总理）关于区域经济合作的声明》，《人民日报》2015 年 12 月 16 日。

上合组织对中国的首要
意义在安全

盛世良

盛世良，1964年毕业于上海外国语学院俄语系本科，同年到新华社国际部任俄文翻译，先后担任新华社参编部编辑，《参考消息》报总编室主任，1978～1983年、1987～1991年和1996～2001年任新华社驻莫斯科分社记者、分社副社长，2002年起任新华社世界问题研究中心研究员，国务院发展研究中心欧亚社会发展研究所研究员。研究方向为俄罗斯、中亚、后苏联空间。

　　评价上海合作组织对中国的意义，不能脱离其成立的初衷——边境安全合作。今天，上合组织的合作领域已经囊括安全、反恐、经济、人文，而且上合组织还开始发挥"一带一盟"对接平台的作用。

但是，不论它的合作领域如何拓展，成员国的数量如何扩大，安全合作始终是它最重要的功能。

一　上海合作组织的最大价值是安全合作

中国同俄罗斯和中亚等上合组织成员国关系良好，久而久之，人们对此已习以为常。但是，在座有不少人经历过中国与俄罗斯和中亚国家的前身苏联的敌对时期，在三四十年前，中国人成天担心的是"苏联社会帝国主义亡我之心不死"。两国互相为敌，边境戒备森严。中国说苏联"陈兵百万"，同样，苏联说中国边防军人枕戈待旦。苏联在与中国边境线 500 公里之内不搞任何开发，中国搞"大三线""小三线"，牵制了我们多少人力、财力和资源。

当时，苏联和中国如果不做出彼此危害的举动，不相互惹事，那就该谢天谢地，就是给对方最大的恩惠和好处了。

如今，中国同俄罗斯和中亚国家互为战略依托，双方不用担心背后会有人捅一刀。

中国在东北、东、东南、南和西南等方向均面临各种麻烦和挑战，只有北边和西北是稳定可靠的后方，因为那里有我们的战略协作伙伴俄罗斯和上合组织中亚成员国。同样，俄罗斯和中亚国家也只有东南是最稳定可靠的战略方向，因为这里有它们的战略协作伙伴中国。上合组织在安全领域的作用，用一句老生常谈的话来表述，就是"其意义再怎么评估也不为过"。

二　上合成员国在经济方面对
中国的作用无可替代

中国商务部数据显示，2016 年中国自俄进口原油 5248 万吨，增长 23.7%，俄罗斯已经超过沙特阿拉伯、安哥拉和伊朗等国，成为中国第一大原油进口来源国。2017 年前 10 个月，俄罗斯对华原油供应同比上升 15.91%，总量达 4965 万吨，相当于每天 119 万桶。

中亚国家满足了中国天然气进口的大部分需求。有的中亚国家已经把本国能源资源的相当大份额让给中国开发。

从保证中国能源供应的角度看，俄罗斯和中亚国家的最可贵之处不仅在于数量，更在于战略意义。因为这是通过中国与这些国家的共同边界直接进来的，不像中东、拉美和澳大利亚的能源，要经过被别的国家控制的多条海峡。哪怕有朝一日马六甲海峡、霍尔木兹海峡被"外国敌对势力"封锁了，起码来自俄罗斯的五六千万吨原油是有保证的。同样是石油和天然气，中亚能源的重要性不可同日而语。

中国的丝绸之路经济带向欧亚大陆延伸，"西出阳关"第一道绕不过去的就是上海合作组织成员国。俄罗斯和中亚国家即使不从中作梗，哪怕消极抵制，也会对"一带一路"倡议的推行造成极大阻力。幸而俄罗斯和中亚国家在经济发展战略上与中国彼此支持，相互对接，为丝绸之路经济带的西行提供便利和襄助。

三　千万别小看俄罗斯，包括它的经济实力

对俄罗斯经济的估价，有的人过于乐观，更多的人是过于悲观，有的人甚至把俄罗斯看作二三流国家。

确实，俄罗斯的经济发展步伐不如中国快。1994 年，中俄两国的 GDP 持平，如果看名义 GDP，俄罗斯 2016 年仅相当于中国的八九分之一。根据 2017 年初不甚精确的统计，2016 年俄罗斯人均 GDP 和职工平均月薪甚至都不如中国高。

俄罗斯经济发展部 2016 年底预测，2035 年前俄罗斯经济的平均增长率不会超过 2%，而世界经济平均增长率未来 10 年可能达到

2.5% ~3%。这表明，俄罗斯与世界各大经济体的差距还要拉大，综合国力相对于中国和其他大国来说呈下降趋势。

但是，这并不表明俄罗斯就不能继续成为世界一流国家了。在相当长的时间里，俄罗斯还将是一个能够跟美国、中国相提并论的大国。

经济是俄罗斯的短板，俄罗斯政治和社会这两块板也不算非常长，软实力这块板也是一般。在20世纪八九十年代，俄语曾是世界上第四大语言，但自苏联解体到现在，以俄语为官方语言的人口减少了5000万，再过20年，俄语会跌出世界前十大通用语言之列。

俄罗斯这只大木桶有一块最长的板，那就是资源。当然，油气和其他矿物资源越采越少，甚至有人认为俄罗斯的油气以后就不值钱了，因为难以开采的油田越来越多。其实并不尽然。2017年俄罗斯石油新增可采储量达10亿吨，现在的可采石油储量是150亿吨，依然是世界上石油储量排名前几位的国家。俄罗斯天然气储量之丰富就更不用说了。

还有更值钱的资源，那就是干净的水、干净的土地、干净的空气。油气开采完了没关系，土地、空气和水资源的价值远远超过油气。俄罗斯不够发达，没有好好开发，这恰恰又是它的长处，水资源、农业用地和大气都没有遭受严重污染。在很长的时间内，俄罗斯这三大资源将是无价之宝。而且随着气候转暖，中国经济活动的自然环境有可能继续恶化，而对俄罗斯来说，总体的经济环境将好转，农作环境、居民生活环境、休闲环境都会好转。北冰洋的无冰期、通航期会越来越长，北极航道的经济意义会越来越大，俄罗斯，以及美国、加拿大、英国和北欧国家构成的北极地区经济圈，有可能成为世界最有实力的经济圈，俄罗斯的经济地位也可能因此而得到改善。

即使经济这块短板，俄罗斯也不是一无所成。苏联时期，粮食年年进口，现在俄罗斯一年可以出口三四千万吨粮食，2017年，俄的粮食产量达 1.35 万亿吨，接近于《食品纲要》的标准，即人均每年 1 吨粮食，预计可以出口 4500 万吨。在西方实施经济制裁后，俄罗斯的进口替代政策已经小有成就，食品工业、医药工业迅速发展，2017 年食品出口近 200 亿美元，超过军工出口收入，而军工出口则稳居世界第二。

俄罗斯还有两块"长板"，即军事和以军事力量为后盾的外交。克里米亚"回归"、叙利亚反恐，表明俄罗斯外交运筹力和军事行动力都堪称超强。中国人把俄罗斯人称作"战斗民族"，俄罗斯人确实能打仗，还能打胜仗，1812 年和 1941 ~ 1945 年两次卫国战争是这样，车臣反恐战争是这样，在叙利亚打击恐怖主义、极端主义武装也是这样。俄罗斯人是不屑于提什么"第四百五十一次严正抗议"的。抗议一次，马上就挥拳头，动用军事力量，眼都不眨一下。

四　俄罗斯拉印度对付中国，不现实

有些学者认为，俄罗斯把印度拉进上合组织，就是为了形成二比一，对付中国。我觉得这个看法有点偏颇。

确实，俄罗斯跟印度、日本、朝鲜、韩国、越南等国发展关系，有平衡对华外交的一面，从潜在意义看，也不无制衡中国的考虑。同样，俄罗斯也可能认为，中国与格鲁吉亚、乌克兰发展关系，有平衡俄罗斯的一面。可能有，但这不是主要面。

对俄罗斯来说，中国的意义远远大于印度。

2007 年，我第一次见普京，就听到普京所说的一句名言：世界上有资格搞独立外交的就三个国家，俄罗斯、中国、美国，顶多加上一个印度。

最近几年，我在瓦尔代俱乐部年会上多次听到普京讲俄罗斯的外交排序，每次都把中国放在独联体国家以外的第一位，然后才可能轮到印度。

普京每次一说到习近平都热情地加以赞扬，例如，2017 年 10 月 19 日在瓦尔代俱乐部年会上。普京也说到了莫迪，有点不屑一顾的口气：莫迪跟习近平相比不能同日而语，他下次能不能当上总理还难说。后来克里姆林宫网站在发布普京讲话的全文时，可能觉得这个说法有违"政治正确"，就给删掉了，但我可是耳闻目睹啊！

中国与俄罗斯的战略依托关系、地缘经济关系、经贸合作水平、中国在金融上能为俄罗斯提供的协助、中俄领导人的亲密互动、中俄密切的人文交流、中国在国际上的分量，印度的影响力怎么能与此"同日而语"。

再说，即使俄罗斯想拉印度，印度也是个外交上相对独立的国家，它既不可能完全倒向美国，也不可能彻底倒向俄罗斯。

至于上合组织把印度作为第一批扩员对象是否合适，我认为，既然已经让印度进来了，就不要再没完没了地吃后悔药，而应该"把坏事变成好事"，况且，印度加入上合组织自有其积极的一面。而且，与其事后"悔不该当初"，不如事前有礼貌而坚定地说出我们的"不"字。

五 了解并利用好成员国社会文化差异

不善于说"不"，说了"不"之后又难以和解，这也许是中国与俄罗斯在社会文化上的差异之一。

俄罗斯敢于也善于说"不"。中国不知道多少次地建议成立中俄自贸区、上合组织自贸区、上合组织银行……俄罗斯不同意就是不同意，可以彬彬有礼，面带笑容，但只有一个字"不"，甚至可以像契诃夫小说中的主人公那样万分谦卑地说一声，"请允许我表示我的不允许"。

中国与中亚国家也有差异，但两者毕竟已经相处千百年，民族、文化、风俗习惯的融合度都相当高。

中国与俄罗斯的差异就不是一星半点，而是截然不同了。在中苏"牢不可破的兄弟友谊"时代，两国有共同的意识形态，又同属一个阵营，掩盖了两国和两个民族的巨大差异。到了两国势不两立、互为死敌的时代，敌对关系抹杀了一切共同点。

中俄两国是世界上少有的差异最大的国家。为什么呢？别的国家，比如在美国和加拿大边境，你几乎发现不了边界两侧在民族、语言、文化和风俗习惯上有什么差别；在俄罗斯和白俄罗斯边境，在白俄罗斯和波兰边境，在中越边境、中国同哈萨克斯坦的边境，你也难以发现两国有什么根本性的差异。

世界上不存在中俄这样的边界，跨越这条边界，汉藏语系突然转为印欧语系，华夏文明突然跳到基督教文明，黄种人突然变成白种人。

中俄这两个国家本来一个在亚洲，一个在欧洲，"八竿子打不着"。如果按照俄罗斯历史学家的说法，那是俄罗斯先民勇于开拓，向东"拓荒6000俄里"，让西伯利亚和远东的"无主土地"成为"自古以来的俄罗斯领土"，让有主土地"自愿归并俄国"或"通过国际条约合法归属俄罗斯"。中俄两国终于接壤，那只不过是一二百年的事。

所以这两个国家是很不容易彼此了解的，思维方式、表达方式、行为方式都不一样。

首先是思维方式不同。俄罗斯是归纳法思维，我们是演绎法思维。普京在瓦尔代年会上多次碰到西方学者就俄中关系提挑衅性问题，挑拨中俄关系。换了中国学者，可能会这样回答，我们两国是战略协作伙伴，关系只会越来越好。普京从来不说这种话，因为这是虚的，普京的答复是，我们与中国解决了所有的历史遗留问题，特别是解决了边界问题，所以俄中关系今后不会遇到麻烦。

俄罗斯人观察事物、看问题，先看具体的、局部的，然后由具体到一般，由局部到全局。跟俄罗斯谈判，我们可能会强调两国的战略协作伙伴关系，所以俄罗斯的油气管道理应直通中国，天然气理应给个优惠价。俄罗斯是反过来看，我们两国石油管道通了，天然气管道也通了，军工合作签了10亿美元的大单，那么，我们就结成战略协作伙伴关系了。

其次，表达方式不一样。俄罗斯人说话喜欢直来直去，同意或反对，都直截了当，不拐弯抹角。中国人讲脸面，不习惯于当面说不，更不喜欢吵得面红耳赤。

最后，行为方式也不一样。俄罗斯人讲究利益要当场交换，这是因为俄国人的部分祖先来自北欧斯堪的纳维亚半岛。两艘海船在海上见了一次面，难有第二次见面的机会，交换东西，讲究当场交换，比如10把手枪换1桶咸牛肉。俄国人另一部分祖先是游牧民族，今天两家帐篷搭在一块，明天帐篷一撤，就拜拜了，不知道这辈子是否还能见面了，所以不能今天投桃，明天报李，否则投了桃就有去无回。

跟俄罗斯打交道最好是利益当场交换。比方我们跟他谈贷款换石油，那么放贷和供油两个项协议一定要同时签。如果今天先签对俄有利的贷款协议，明天再签对我有利的供油协议，很可能明天就得重新谈判了，头天给他的好处"归零"，第二天供油协定就要重新谈条件了。

所以，中俄两个国家、两个民族很不一样，对俄罗斯的研究要深入，不仅要了解对方的政治制度、GDP数字，更要了解对方的思维方式和行为方式，学会相处之道，才能互利共赢。

2017 年俄罗斯外交：局部亮点难掩深层次阴霾

冯玉军

冯玉军，复旦大学国际问题研究院教授，博士生导师。曾任中国现代国际关系研究院俄罗斯研究所所长。现任中国中俄关系史研究会副秘书长，中国国际问题研究基金会和北京大学等多所院校特约研究员。先后毕业于河北大学、吉林大学、外交学院，获历史学学士、历史学硕士、法学博士学位。主要从事俄罗斯－欧亚问题、上海合作组织、大国关系、国际能源安全与外交、中国周边安全以及国际关系理论研究。撰写了大量有关上述问题的研究报告和学术著作，多次承担国家级及省部级课题项目研究。主要著作有《俄罗斯外交决策机制》《俄罗斯外交思想库》《百年中俄关系》等。

2017 年，俄罗斯外交亮点突出，取得了一些令人瞩目的成绩。但这些成绩总体而言是局部性的，难以掩盖俄罗斯外交的整体阴霾，更无法解决俄罗斯国家发展和对外战略中深层次的结构问题。

一　在中东有所斩获

毫无疑问，2017 年俄罗斯外交的最大亮点是通过在叙利亚两年多的军事行动，打出了一片天地，再次以常人难以理解的方式重新在中东争得了一席之地。一是保住了巴沙尔政权，打破了美欧支持叙利亚反对派以军事方式推翻巴沙尔政权的图谋，从而保全了俄罗斯在中东地区的重要战略盟友；二是保住了俄罗斯在叙利亚塔尔图斯和拉塔基亚的海空军基地，巩固了俄在地中海东岸的地缘战略支点，使其自 18 世纪初以来在黑海－地中海方向的地缘政治努力成果不致进一步受损；三是在一定程度上调动了中东地区大国关系，建立起了以俄罗斯为核心的多重关系网络。一方面，俄罗斯、叙利亚、伊朗、土耳其结成了某种"志愿者同盟"，出于不同目的开展了"临时性合作"；另一方面，俄罗斯、伊朗、阿塞拜疆三个里海沿岸国家也互动频繁，试图在中东变局的背景下调整围绕里海问题展开的错综复杂的关系。与此同时，沙特阿拉伯国王也对俄罗斯进行了历史性访问，实现了俄沙双边关系的重大突破，反映出沙特阿拉伯对于俄罗斯在中东地位和影响的重视。另外，俄罗斯还在试图利用卡塔尔外交危机，以在中东占有更重要的地位。

但上述成就并不意味着俄罗斯可以完全主导中东的地区格局，中东地区地缘政治、民族宗教的复杂性和流动性是任何一个大国都难以完全把控和驾驭的。两个关键性的问题在于：其一，俄罗斯、土耳其、伊朗组成的"三驾马车"究竟能有多久的可持续性，伊朗谋取地区霸主地位的企图、土耳其对库尔德人的关切是它们与俄罗斯暂时走到一起的动因，但这更像是某种权宜之计，较之美国，它们可能更不希望与其有着几百年紧张对立关系的俄罗斯在中东重新做大；其二，为应对伊朗近年来在中东的强势崛起，美国、以色列和以沙特阿拉伯为首的海湾国家正在迅速走近，美国不会退出中东，只不过美国正在加速调整其中东政策，它绝不会把中东地区拱手相让给俄罗斯。

二 "向东转"政策取得进展

2017 年俄罗斯外交的第二个亮点是"向东转"持续推进，这在一定程度上缓解了俄罗斯自乌克兰危机以来所遭遇的外交困局。俄罗斯同越南、日本、印度等国家的关系在加紧重塑，以应对亚太地区新的形势变化。俄罗斯也积极参与朝核问题的调解过程，试图发挥某种"独特作用"：既派联邦委员会主席马特维延科率团访朝，加强与朝沟通，又在美朝之间传递信息，试图充当"桥梁"，还与中国共同发表《关于朝鲜半岛问题的联合声明》，并在"反萨德"问题上与中国"联手行动"。这一系列"组合拳"再次体现了俄罗斯外交善于借力打力、长袖善舞、斡旋调停的一贯风格，也确实在一定程度上提升了俄罗斯在朝核问题上的影响力。此外，俄罗斯在多边领域也加大力度，在发展同东盟、APEC 关系的同时，还提出"大欧亚伙伴关系"计划，试图建立起一种跨欧亚的地缘政治和地缘经济框架，以打破与西方关系恶化的僵局，实现外交突围。

毫无疑问，俄罗斯"向东转"的重要一环是深化与中国的全面战略协作伙伴关系。一年来，中俄关系在一系列领域取得了新的进展。一是双方政治互动进一步紧密，两国高层领导人在不同场所多次会晤、协调立场，双方还共同签署了《关于进一步深化全面战略协作伙伴关系的联合声明》《关于当前世界形势和重大国际问题的联合声明》《〈中俄睦邻友好合作条约〉实施纲要（2017～2020年）》《中俄关于朝鲜半岛问题的联合声明》等一系列重要文件。二是两国务实合作迅速回暖，双边经贸额同比增长20%以上，一系列投资项目得以签署并加快落实。可以说这些年中国的对俄投资，在一定程度上缓解了西方制裁对其带来的压力。2017年10月，中国与欧亚经济联盟还签署了《关于实质性结束中国与欧亚经济联盟经贸合作协议谈判的联合声明》。这是中国与欧亚经济联盟首次在经贸方面达成的重要制度性安排，将推动双方在欧亚地区减少非关税贸易壁垒，提高贸易便利化水平。

与此同时，中俄关系也面临一些新的问题，值得高度关注。一是中俄两国综合国力对比正在经历关键性变化，它所带来的双方心态上的变化以及后续影响将是多方面的、复杂的。二是尽管两国在一系列重大国际问题上的立场相近，但双方的国家身份还是有相当大差别的。中国日益参与全球化过程，并试图引领新一轮全球化的发展，而俄罗斯在全球劳动分工体系中则日益走向边缘，其对全球化的态度其实是充满质疑的。三是双方的相互认知正在急剧变化的国际环境中加以重塑，而且这种变化不会是单向的，它将是复杂而又充满矛盾的。四是中俄两国合作中的"第三方因素"效应也在上升，美国动用"长臂管辖"抓捕何志平，其目标实际上是直指华信和俄罗斯石油公司的合作，这一点值得高度关注。

三 欧亚经济联盟持续推进

2017年俄罗斯外交的第三个亮点是欧亚经济联盟持续推进，在表面上取得了一些新的进展，在包括海关、贸易、税收、能源等领域签署了一系列新的合作协议。但与此同时，后苏联空间深层次的矛盾依然非常突出。

在经济层面，哈萨克斯坦、白俄罗斯等成员国在参与欧亚经济联盟合作的同时，正在进一步使其对外经济联系多元化，积极拓展与中国、美国、欧盟、日本、韩国以及包括中东国家的经济合作，以此弱化欧亚经济联盟对其带来的约束及冲击。

在战略性基础设施建设领域，继巴库－杰伊汉石油管道于 20 世纪末建成运营并在一定程度上改变了里海－高加索地区的能源地缘政治格局后，2017 年，巴库－第比利斯－卡尔斯铁路也建成通车，这意味着跨高加索、跨里海的交通和能源基础设施正在没有俄罗斯参与的情况下加速推进，也意味着俄罗斯在该地区的地缘政治影响持续下降。

在政治层面，俄罗斯与盟友之间的"芥蒂"不仅没有消除，反而在潜滋暗长。在 2017 年俄罗斯与白俄罗斯举行联合军演期间，双方因普京和卢卡申科究竟应该同时还是分别视察演习而闹得不可开交。尽管这只是一个小事件，但一叶知秋，它显示出俄罗斯与盟友之间的离心离德。

在人文领域，哈萨克斯坦决定实行字母拉丁化将成为一个标志性的事件，它意味着在从 18 世纪末 19 世纪初被迫接受了斯拉夫文明的中亚国家逐渐意识到，俄罗斯已经无法继续引领中亚国家在 21 世纪的可持续发展。而文化影响力的衰微将成为俄罗斯在后苏联空间面临的最大挑战。

在乌克兰问题上，乌克兰东部地区保持了"不战不和"的局面，《新明斯克协议》基本上成为一纸空文。与此同时，顿巴斯地区两个"未被承认的共和国"局势更加复杂，内部各种势力的权力斗争异常激烈，它既是乌克兰"难以割舍的痛"，也成为俄罗斯不得不背的"包袱"。

四　与美国及欧盟的关系

2017 年，俄罗斯同美国的关系不仅没有因特朗普上台执政而实现"重启"，反而几乎进入"死机"状态，两国在诸多领域"互怼""死掐"，双边关系螺旋形下滑。美国对俄制裁更加严苛，双方"外交驱逐战"轮番升级，两国"媒体制裁战"愈演愈烈，双方在中东的地缘争夺战进入新的阶段。回顾特朗普执政一年的美俄关系变化，可以看到美俄两国的结构性矛盾正在从地缘政治矛盾、战略平衡问题向国内政治领域扩展。俄罗斯对美国 2016 年总统大选的干预以及在美国国内引起的强烈反弹使美俄矛盾加速从外源性向内生性转变，这进一步增强了两国关系的复杂性。"通俄门"在美国国内持续发酵，先是美国总统国家安全顾问弗林因"通俄门"辞职，后有美国国会的四个委员会、司法部任命的特别检察官对特朗普团队涉嫌"通俄"一事展开全面调查。可以说，俄罗斯已经成为美国国内高度敏感的政治议题，"反俄"已经成为某种"政治正确"。而在俄罗斯，反美也成了塑造"外部敌人"以便为严峻的社会经济形势寻求借口、凝聚国内政治共识甚至打压政治反对派，进而为普京 2018 年顺利开启第四个总统任期的重要工具。在 2018 年 5 月再次就任总统之前，普京也没有足够的意愿去改善俄美关系。美国乔治城大学安吉拉·斯登特教授曾著书认为，"有限伙伴"是 21 世纪美俄关系的新常态。① 但乌克兰危机以来的事态发展表明，美俄非但没有成为伙伴，反而成了对手，双方在地缘政治、战略安全以及国内政治领域开展了激烈较量。但同时要看到，这种较量无论从广度、深度、烈度还是从影响方面而言都是有限的，它更多带有的是区域而非全球、个别而非整体的性质，考虑到 21 世纪中叶之前的世界和美俄两国的发展大势，"有限对手"正成为未来相当长一个时期美俄关系的"新常态"。

---

① Angela Stant. *The Limits of Partnership: US-Russian Relations in the Twenty-First Century*, Princeton University Press. 2013.

导致俄美关系恶化和难以回暖的原因是多方面的。一是两国的认知落差。美国一方面认为俄罗斯已失去了全球性大国的影响力，已沦落为二流国家；另一方面又因乌克兰危机而认定俄罗斯是战后欧洲秩序的"颠覆者"。而俄罗斯一方面仍自视为"全球性大国"，并试图仍像苏联一样与美国"平起平坐地解决全球性问题"；另一方面又认为美国实力已经大大下降，俄罗斯可以在后苏联空间内有所作为。二是游戏规则的重塑。由于实力对比的变化，美俄两国昔日以全球战略稳定对话为核心的议事日程已经空心化，而经济联系的虚弱又令双方很难展开双赢式的合作，因此试图干预对方的国内政治成为两国迫不得已的游戏选项，这使双方的结构性矛盾从全球安全、地缘政治延伸到了国内政治，使双方的相互认知进一步恶化。

2017 年，俄罗斯同欧洲国家的关系同样暗淡。尽管美欧之间存在分歧，但在应对俄罗斯"威胁"这一问题上，欧洲国家与美国依然站在一起。北约的欧洲成员国在俄罗斯的挑战和美国的压力下，逐渐提高军费开支并加强在东欧的前沿军事部署。大多数欧洲国家对俄罗斯以"锐实力"方式干预欧洲国家国内政治进程（包括英国脱欧、西班牙加泰罗尼亚公投、支持欧洲国家右翼政党）等忧心忡忡。而乌克兰问题的久拖不决更让欧盟对欧洲安全问题充满忧虑。11 月 13 日，欧盟的 23 个成员国在布鲁塞尔签订了一项条约性质的欧洲防卫协议，决定启动欧盟防务"永久结构性合作"（PESCO）。"永久结构性合作"机制是一个兼具包容性和约束性的框架，欧盟国家在自愿的基础上参与，参与国共同发展防务能力、投资防务项目以及提高军事实力，同时须履行定期增加国防预算、投入一定比例的军事研发技术资金等承诺。12 月 21日，英国首相特雷莎·梅出访波兰参加英波峰会，两国签署防务合作条约，将加强两国在军事培训、信息共享、国防设施采购以及联合演练等方面的合作，双方还就一项"监测和对抗"俄罗斯信息行动的项目达成一致，以应对俄罗斯"信息战"对欧洲安全构成的威胁。同一天，欧盟理事会批准将对俄的经济制裁延长至2018年7月31日。欧盟在乌克兰冲突背景下于2014年对俄罗斯实施经济制裁，并在之后加以扩大。欧盟成员国领导人于2015年3月将该制裁决议与全面履行《新明斯克协议》联系起来，并每半年延长一次。可以断定，如果《新明斯克协议》不能得到有效执行，欧盟对俄制裁不会轻易取消；而制裁不取消，俄欧关系就难以重回正轨。

五 深层次的问题

与上述外部挑战相比，对俄罗斯而言更为迫切且难以解决的问题是深层次的"阴霾"，这主要集中在三个方面。

第一，俄罗斯的综合国力下降和大国雄心之间存在巨大的张力，这种张力将给俄罗斯的对外政策带来系统性困难。苏联解体以来，俄罗斯国力呈持续衰减之势：经济上，畸形的经济结构未见改观，能源依赖有增无减，受国际市场大宗商品价格跳水、西方经济制裁以及改革措施不力等多重因素影响，俄罗斯经济增长自2008年以来持续低迷，增长速度远低于世界经济平均增速，其在世界经济体系中的地位进一步被边缘化；军事上，尽管通过十年装备更新计划在一定程度上提高了军事装备的现代化水平，并且在俄格战争和克里米亚冲突中展现出了比对手更强的战斗力，但同其最主要对手——美国之间的战略力量对比却在加速失衡，以美国1/10的军费开支试图维系对美的全球战略平衡是不可能完成的任务；在国际规制领域，俄罗斯参与全球治理的手段有限，联合国安理会常任理事国地位和否决权无法保障其全面而深度地参与全球经济、金融、气候变化以及人文领域治理。实

力不济与大国雄心之间的张力迫使俄罗斯不得不使用西方学者所谓的
"锐实力"来发挥国际影响。① 这种"锐实力"确实在一定程度上给
西方带来了巨大挑战，但是它的可持续性究竟如何、能在多大程度上
改善俄罗斯所面临的国际环境，不能不令人打一个巨大的问号。

　　第二，俄罗斯的国家身份定位十分模糊，导致其战略目标、政策
定位经常前后不一、自相矛盾。尽管苏联解体已经 20 多年了，但俄
罗斯的转型进程仍未终结，俄罗斯的国家身份不仅没有最终确定，反
而陷入了多重矛盾之中。在国家属性上，俄罗斯是已经成为民族国家
还是仍为"帝国"的残余？在经济属性上，俄罗斯是发达国家、发
展中国家还是新兴经济体？是进入了信息化社会，还是后工业化国家
乃至"去工业化"国家？在与外部世界关系上，俄罗斯是全面参与
全球化进程还是准备成为一处自给自足、自我封闭的"孤岛"？在文
明属性上，俄罗斯是寄希望成为"西方"的一员还是在遭遇挫折后
又不得不祭起"欧亚主义"的旧旗？在国际事务中，俄罗斯是既有
国际秩序的参与者、主导者还是挑战者、颠覆者？俄罗斯确定是要解
构既有国际秩序吗？它是否有能力做到这一点呢？假设俄罗斯可能打
破一个旧世界，但它又是否能够引领建设起一个新世界呢？确实，俄
罗斯的精英们当下对西方秩序、西方规则、西方理念充满了质疑，想
建构出一个"非西方的营垒"，但这个"非"字究竟意味着什么？按
照哲学的定义，"非"只是完成了一重"否定"，并没有实现"否定
之否定"的升华。国家身份的模糊和混杂无法为俄罗斯指明清晰的
发展方向，更无力引领世界的走向。

　　第三，俄罗斯内政和外交的互动进入了一个"负循环"。在全球
化时代，任何一个国家的内政与外交其实都是互为表里的，甚至内政

---

① Christopher Walker and Jessica Ludwig. The Meaning of Sharp Power: How Authoritarian
　States Project Influence. https://www.foreignaffairs.com/articles/china/2017 - 11 -
　16/meaning - sharp - power

就是外交、外交就是内政。一般而言，内政与外交之间应该形成一个良性循环，外交应该为国内发展提供良好的外部环境，而国内发展应该提升本国的国际影响力、制度感召力和文化吸引力。但乌克兰危机以来，俄罗斯内政与外交之间恰恰形成了某种"负循环"关系：强力占据克里米亚所招致的西方制裁极大地恶化了俄罗斯经济发展的外部环境，为了转移民众对经济困难和生活下降的不满，当局只能通过树立"外部敌人"形象以及默许甚至纵容极端民族主义情绪等手段来保持对权力的掌控，这在很大程度上迟滞了制度变革和经济现代化的进程；而国内政治氛围的日趋保守和缺乏弹性又进一步引发西方的质疑、担忧和压制，从而再度恶化了俄罗斯所处的外部环境。俄罗斯内政与外交的这一"怪圈"将持续多久？在什么时候和什么条件下才能实现突破？这无疑将是对俄罗斯执政精英的一个重大考验，也将成为决定俄罗斯未来走向的重大战略性问题。

2017 年 12 月 6 日，普京正式宣布参加 2018 年的俄罗斯总统选举。根据当前俄罗斯国内的政治形势，普京胜选连任并开启自己的第四个总统任期可以说是毫无悬念。但俄罗斯国家发展的结构性问题不会因此而轻易解决，俄罗斯外交的深层次"阴霾"也不会因叙利亚战场上的战术性胜利而迅速消退。

俄罗斯，仍将是影响国际及地区局势发展的一个重大变量。

俄罗斯 2017 年联邦预算执行情况及 2018～2020 年联邦预算预期分析

童 伟　宁小花[*]

童伟，中央财经大学俄罗斯东欧中亚研究中心主任，中央财经大学理论经济学部委员，研究员，经济学博士，博士生导师，入选"教育部新世纪优秀人才支持计划"，曾赴俄罗斯联邦政府财经大学、圣彼得堡国立经济大学进修访问，担任俄罗斯教育科学部最高认证委员会认证"高层次核心期刊"《财经大学学报》《经济、税收、法律》国际编委，世界银行、财政部绩效评价专家，北京市朝阳区人大预算和平谷区人大预算监督顾问。主要研究方向为俄罗斯东欧中亚财政经济，公共财政理论与实践，政府预算绩效管理与评价。

2017 年，俄罗斯财政经济形势不断好转，与两年前相比已发生

* 宁小花，中央财经大学财经研究院世界经济专业博士研究生。

巨大的变化。正如俄罗斯联邦政府向全体国民发布的《2018~2020年公民预算》所指出的那样，目前俄罗斯国家财政已拥有强有力的支付能力，外债依赖度极低，通货膨胀率持续下降，预算赤字保持在可控范围之内，对石油价格的依赖不断减轻，经济结构日趋优化，这些都为俄罗斯经济的回升奠定了良好的基础，同时也为俄罗斯2017年预算执行情况的好转，以及2018~2020年预算的编制奠定了良好的基础。

一　好于预期的2017年预算执行情况

俄罗斯2017年预算执行情况远好于预期，预算收入由预计的134400亿卢布提高到147203亿卢布，增长了9.5%；其中，油气收入增长14.5%，非油气收入增长6.2%，油气收入超过非油气收入的高速增长，使其在预算收入中的实际占比由计划的37.4%上升到39.1%，对改善俄罗斯预算平衡状况发挥了较大影响。同时也表明，虽然俄罗斯一再努力使国家预算摆脱对能源价格的依赖，但俄罗斯政府预算的改善与石油价格依然存在十分明显的关联。

2017年，俄罗斯联邦预算支出由161800亿卢布小幅增长到167284亿卢布，仅增长了3.4%。预算支出的审慎扩大，使俄罗斯预算赤字继续缩小，由27400亿卢布减少到20081亿卢布，缩小了26.7%。

俄罗斯联邦2017年财政预算执行情况见表1。

表1　俄罗斯2017年预算执行情况

单位：亿卢布

	2017年（预算）	2017年（执行预估）	预算与执行差额	增长率（%）
预算收入	134400	147203	12803	9.53
石油收入	50290	57592	7302	14.52
非石油收入	84110	89611	5501	6.14
预算支出	161800	167284	5484	3.39
预算赤字	27400	20081	-7319	-26.71

资料来源：根据俄罗斯2017~2019年和2018~2020年中期预算草案测算。

二　如期提交《2018～2020 年
联邦政府预算草案》

依照俄罗斯《预算法典》相关规定，俄罗斯联邦政府需要在每年的 10 月 1 日前将 3 年期滚动预算提交国家杜马审议，在特殊情况下可以推迟，但最晚不得晚于当年的 11 月 1 日。2015 年和 2016 年，鉴于宏观经济形势不够明朗，国家经济状况不够良好，国际石油价格难以预期，俄罗斯联邦政府向国家杜马提出了延期提交联邦预算草案的申请，都是踩着最后期限在 10 月底才向国家杜马提交政府预算草案的。而且在 2016 年，鉴于中长期宏观经济指数难以预测，俄罗斯中止实施已正常运转十余年的中期预算，重新回归到年度预算。2017 年，俄罗斯虽然恢复实施中期预算，但在编制联邦预算时，关于政府是否具有重新实施中期预算的能力、条件和基础，是回归中期预算还是继续实施年度预算，在俄罗斯国内还是存在较大的疑义和争议的。

但上述问题到 2017 年俄罗斯开始编制 2018～2020 年预算时，都已不复存在。俄罗斯联邦政府在 2017 年 9 月 29 日如期向国家杜马提交了《2018～2020 年联邦政府预算草案》，2017 年 10 月 26 日，国家杜马一读通过了预算草案审查；2017 年 11 月 17 日，国家杜马二读通过了预算草案审查；2017 年 11 月 24 日，国家杜马三读通过了预算报告审查。

三　编制基础稳定的《2018～2020 年
联邦政府预算》

在编制中期预算之前，俄罗斯联邦政府首先需要对未来 3 年的宏观经济发展形势进行三种方案的预测：即基本、保守及目标发展速度三种方案。不论选择哪种预测方案，有两点基本要求是不能变的：一是计划期内通货膨胀速度应尽量控制在4%以内；二是政府预算应该得到完全执行。在此基础之上，俄罗斯经济发展部对未来3年俄罗斯宏观经济形势预测的基本方案是：经济将保持增长态势，GDP增速将由2017年的2.1%逐步上升到2020年的2.3%。

基于2017年俄经济的实际发展状况好于预计，俄罗斯对2018～2020年的宏观经济形势判断更为乐观。2017年，俄罗斯实际GDP增长2.1%，是原预期0.6%增速的3.5倍，GDP比预期扩大了6.13%。2017年平均石油价格为49.9美元/桶，比预期高出25.75%。卢布兑美元汇率稳定在59.4卢布兑1美元，比预期的67.5卢布兑1美元低12%。通货膨胀水平维持在3.2%，比预计要低0.8个百分点（见表2）。

表2 俄罗斯2016年和2017年对宏观经济发展形势预测之比较

年份	2016年预测			2017年预测		
	2017	2018	2019	2017	2018	2019
GDP规模（亿卢布）	868960	922960	988600	922240	974620	1032280
GDP增速（%）	0.6	1.7	2.1	2.1	2.1	2.2
乌拉尔石油价格（美元/桶）	40.0	40.0	40.0	49.9	43.8	41.6
年均卢布兑美元汇率	67.5	68.7	71.1	59.4	64.7	66.9
通货膨胀率（%）	4.0	4.0	4.0	3.2	4.0	4.0

资料来源：根据俄罗斯经济发展部提供的数据测算。

石油价格定在较低的价位，2018年每桶43.8美元，2019～2020年每桶41.6～42.4美元。在预期石油价格微弱回升的情况下，俄罗斯适度提高了经济增长速度，经济增速维持在 2.1%～2.3%。通货膨胀水平保持不变，设定在 4% 的水平，但卢布兑美元汇率出现了较为明显的下降，2019 年由 71.1 卢布兑 1 美元下降到 66.9 卢布兑 1 美元（见表 3）。

表 3　2017 年俄罗斯中期宏观经济发展形势预测

年份	2017	2018	2019	2020
GDP 规模（亿卢布）	922240	974620	1032280	1102370
GDP 增速（%）	2.1	2.1	2.2	2.3
乌拉尔石油价格（美元/桶）	49.9	43.8	41.6	42.4
年均卢布兑美元汇率	59.4	64.7	66.9	68.0
通货膨胀率（%）	3.2	4.0	4.0	4.0

资料来源：俄罗斯经济发展部数据。

四　依照新规编制 2018～2020 年政府预算

考虑到在未来 3 年西方制裁还将持续，俄罗斯反危机措施也将延续，俄罗斯设置了新的预算规则，即明确预算支出限额，超过每桶 40 美元出售石油获得的预算收入，不再安排预算支出，全部进入国家储备体系，以使逐渐枯竭的国家储备重新充盈。新的预算规则会抑制油气价格波动对预算、汇率和通货膨胀的影响，从而有助于俄罗斯实现经济发展的多样化，向非资源经济过渡。由此，为保障中期预算平衡，俄罗斯将继续采取积极组织预算收入、优化预算支出的政策，不断缩小预算赤字。

俄罗斯 2018～2020 年中期预算见表 4。

表 4 俄罗斯 2017～2020 年中期预算表

单位：亿卢布

	2017～2019 年年预算	2018～2020 年年预算	提高（%）	2017～2019 年年预算	2018～2020 年年预算	提高（%）	2020 年
预算收入	139890	152578	9.07	148250	155546	4.92	162854
油气收入	51330	54796	6.75	53700	52475	-2.28	54404
非油气收入	88560	97782	10.41	94550	103071	9.01	108450
预算支出	159780	165292	3.45	159640	163737	2.57	171550
预算赤字	-19890	-12714	-36.08	-11390	-8191	-28.09	-8699

资料来源：根据俄罗斯 2017～2019 年联邦预算和 2018～2020 年联邦预算测算。

对比俄罗斯编制的 2017～2019 年预算与 2018～2020 年预算可以发现，不论是从预算收入还是从预算支出规模来看，俄罗斯对 2018～2019 年预算的预期更为乐观。

2018～2020 年，虽然从数字规模上看，俄罗斯联邦预算收入和支出都得到了一定的扩大，但其占 GDP 的比重却出现了明显下降，联邦预算收入占 GDP 的比重由 2018 年的 15.7% 下降到 2020 年的 14.8%，预算支出占 GDP 的比重由 2018 年的 17% 下降到 2020 年的 15.6%，预算赤字占 GDP 比重由 2018 年的 1.3% 下降到 2020 年的 0.8%（见表 5）。

表 5 俄罗斯 2017～2020 年预算收支占 GDP 比重

单位：%

年份	2017	2018	2019	2020
预算收入	16.0	15.7	15.1	14.8
油气收入	6.3	5.6	5.1	4.9
非油气收入	9.7	10.0	10.0	9.8
预算支出	18.1	17.0	15.9	15.6
预算赤字	2.2	1.3	0.8	0.8

资料来源：根据俄罗斯 2017～2019 年联邦预算和 2018～2020 年联邦预算测算。

2018 年，俄罗斯联邦预算赤字将由国家福利基金弥补，其后，预算赤字将主要由国内债务发行弥补。2018 年 1 月 1 日，俄罗斯国家福利基金将与储备基金合并，完成合久必分、分久必合这么一个发展历程。自 2019 年开始，俄罗斯将不再用国家福利基金的资金弥补预算赤字，赤字将由在国内市场发行的国家有价证券弥补（见表 6）。

表 6　俄罗斯预算赤字弥补来源

单位：亿卢布

年份	2017	2018	2019	2020
预算赤字	19238	12714	8191	8698
其中：				
发行国内债务	10103	7857	8056	10446
国家福利基金	6635	11137	45	38
储备基金	10608	—	—	—
私有化	421	130	122	114
其他来源	-8529	-6410	-32	-1900

资料来源：根据俄罗斯 2017～2019 年联邦预算和 2018～2020 年联邦预算测算。

2018～2020 年，俄罗斯每年发行的国内债务大约在 1.5 万亿～1.8 万亿卢布，不论是从发行债务的规模来看，还是从为促进经济发展弥补国内经竞争性投资不足的角度来看，俄罗斯每年发行的债务规模都在可控范围之内，不会引发债务风险。但如果把这些债务置于 4 年期（2017～2020 年）的框架下看，就会发现，这一规模的债务发行非但不是无害的，而且会导致预算风险不断增大。其原因在于，如果每年的债务净发行额达到 0.8 万亿～1 万亿卢布，在当前的收益率（年 2.5%～3%）和经济增长速度（高于 2%）下，不仅会不可避免地导致国家债务总体规模的扩张，还会导致债务偿还规模的扩大，而这是当前长期预算平衡规划未予以考虑的。到 2020 年，俄罗斯国家债务总额将累计扩大 5 万亿卢布，达到 17.7 万亿卢布，即占 GDP 的比重将上升到 16.1%，比当前的债务水平 13.7% 还要进一步增长，而这样一个债务规模，会对国家财政预算长期平衡带来一定的压力和风险。

五　去油气化特征明显的联邦预算收入

2018～2020 年，俄罗斯联邦预算收入还将继续扩大，2020 年将比 2018 年扩大 10276 亿卢布，增长 6.7%。基于摆脱国际油气价格对预算平衡的影响，优化预算收入结构的考虑，2018～2020 年，俄罗斯依然采取抑制油气收入增长速度、加大非油气收入占比的预算政策。2018～2020 年，俄罗斯联邦预算收入的增长将主要来自非油气收入，非油气预算收入的增速将保持在年均 6.7% 左右；油气收入的预期增长幅度远低于非油气收入，2019 年，俄罗斯油气收入增长幅度不仅低于 2016 年的预计，甚至还低于 2018 年的规模，出现负增长，俄罗斯将 2018～2020 年油气收入的年均增长幅度设定为 -2.0%（见表 6）。

表 6　俄罗斯 2017～2020 年联邦预算收入结构

单位：亿卢布

年份	2017	2018	2019	2020	累计增长（%）
预算收入总计	147203	152578	155546	162854	10.63
油气收入合计	57952	54796	52475	54404	-6.12
非油气收入合计	89251	97782	103071	108450	21.51
其他	15760	17210	18228	18834	10.63

资料来源：根据俄罗斯 2017～2019 年联邦预算和 2018～2020 年联邦预算测算。

俄罗斯联邦预算收入的这样一种发展状况也充分体现在各项预算收入的占比之中，2018～2020 年，俄罗斯油气收入占比不断下降，将逐步降低到 2020 年的 33.4%，比 2017 年减少 15.2%。非油气收入占比将由 2017 年的 60.63% 上升到 2020 年的 66.6%，增长 9.8%。其中，与国内生产有关的税收收入占比稳定增长，由 2017 年的 31.8% 上升到 2020 年的 35.7%，增长 12.4%，与进口有关的税收收入将由 2017 年的 18.2% 上升到 2020 年的 19.3%，增长 6.3%（见表 7）。

表 7　俄罗斯 2017～2020 年联邦预算收入结构占比

单位：%

	年份	2017	2018	2019	2020
	预算收入总计	100	100	100	100
油气收入	油气收入合计	39.37	35.91	33.74	33.41
	矿产资源开采税	26.36	23.25	21.92	21.70
	出口关税	13.01	12.66	11.81	11.71
非油气收入	非油气收入合计	60.63	64.09	66.26	66.59
	与国内生产有关	31.78	33.42	34.80	35.73
	与进口有关	18.15	19.39	19.74	19.30
	其他	10.71	11.28	11.72	11.56

资料来源：根据俄罗斯 2017～2019 年联邦预算和 2018～2020 年联邦预算测算。

俄罗斯非油气收入的增长主要依靠宏观经济形势好转，税收征管质量提升，以及消费税税率指数化提高。其中，因宏观经济形势好转带来的与国内生产相关的税收收入的增长幅度为年均 7.6%，累计扩大 24.4%，其中增值税增长趋势最为明显，占 GDP 的比重增长 0.3%，在预算收入总额中的占比由 34.6% 提高到 39.0%，增长 12.7%；与进口有关的税收增长幅度为年均 5.6%，累计扩大 17.7%。

2018～2020 年，俄罗斯各项税费收入增长情况见表 8。

表8   2017～2020年俄罗斯各项税费收入增长情况

单位：%

年份	占GDP比重				占总额比重			
	2017	2018	2019	2020	2017	2018	2019	2020
合计	16.0	15.6	15.1	14.8	100	100	100	100
矿产开采税	4.2	3.7	3.3	3.2	26.7	23.5	22.2	22.0
出口关税	2.1	2.0	1.8	1.8	15.4	13.2	12.8	12.0
进口关税	0.6	0.6	0.6	0.5	3.8	3.8	3.7	3.5
增值税	5.5	5.8	5.8	5.8	34.6	36.9	38.3	39.0
国内增值税	3.3	3.4	3.4	3.5	20.8	21.8	22.9	23.8
进口增值税	2.2	2.4	2.3	2.2	13.9	15.0	15.5	15.2
利润税	0.8	0.8	0.8	0.8	4.9	5.3	5.3	5.4
国内消费税	1.0	1.0	1.0	1.0	6.1	6.3	6.6	6.5
进口消费税	0.1	0.1	0.1	0.1	0.5	0.6	0.6	0.6
其他	1.6	1.7	1.7	1.6	10.2	10.8	11.2	11.1

资料来源：根据俄罗斯2017～2019年联邦预算和2018～2020年联邦预算测算。

六　以保民生促建设为核心的联邦预算支出

2018～2020年，俄罗斯联邦预算支出的优先方向为：一是俄罗斯法律规定的所有强制性社会义务支出，包括养老支出指数化上升；二是确保所有联邦层面的国家社会义务得到无条件和及时履行；三是执行俄罗斯总统关于提高部分预算部门工资的"5月法令"。

社会政策领域还将是俄罗斯联邦预算支出的重心，但社会政策支出在2018年出现了一定幅度的下降，其原因在于，2017年1月俄罗斯对退休金进行了一次全国性的统一提高，每人普涨5000卢布，导致2017年社会政策支出出现了较大规模的扩张，相比之下，2018年的支出有所下降。此外，体育支出减少则是因为对2018年世界杯足球赛的前期准备工作已经完成，由此预算支出逐步降低。

2018～2020年，俄罗斯增长幅度较大的支出领域有：其一，因提高最低工资标准，劳动工资支出 2018 年将扩大 44 亿卢布，2019 年将扩大 163 亿卢布，2020 年将扩大 192 亿卢布；其二，医疗卫生支出 2018 年将额外增加 80 亿卢布，2019～2020 年将增加 70 亿卢布；其三对军人的货币补贴 2018 年将增加 527 亿卢布，2019 年将增加 664 亿卢布，2020 年将增加 1216 亿卢布；其四，文化旅游业支出 2018 年将增加 24 亿卢布，2019 年将增加 73 亿卢布，2020 年将增加 35 亿卢布；其五，教育支出 2018 年将增加 100 亿卢布，2019 年将增加 80 亿卢布，2020 年将增加 60 亿卢布；其六，农业支出增长 200 亿卢布，以保持在 2017 年的支出水平（2423 亿卢布），在未来 3 年还将每年投入 390 亿卢布补贴支持农业投资信贷领域的发展，同时在 2018 年投入 522 亿卢布、2019～2020 年投入 555 亿卢布用于补贴部分农业投资信贷利率。

为弥补俄罗斯国家铁路因提供 2018 年粮食运输优惠而出现的收入损失，2018 年，国家铁路将获得联邦预算 20 亿卢布的补贴，同时，国家铁路还将获得 52.5 亿卢布注册资本金，主要用于基辅－莫斯科方向铁路基础设施建设。对基辅－莫斯科方向铁路基础设施建设国家及地方政府资本投入将达到 2018 年 259 亿卢布，2019 年 182 亿卢布，2020 年 225 亿卢布。

在金融领域，为补偿信贷机构、国际金融机构、对外经济银行向农业生产者提供贷款而发生的贷款偿还拖欠损失，俄罗斯联邦预算预计将向这些机构提供预算补偿：2018 年 497 亿卢布，2019 年 561 亿卢布，2020 年 558 亿卢布。将向俄罗斯对外经济银行提供 1172 亿卢布，以补偿其为高新技术生产者提供投资贷款而造成的损失。

联合飞机生产公司 2018 年将获得 Ил－114－300 飞机生产性基础设施和售后服务 22 亿卢布补贴，以及 Ил－96－400M 飞机生产性基础设施 13 亿卢布补贴。国家交通租赁公司将获得 90 亿卢布以发展 MLA－3 的生产与销售，"俄罗斯莫斯科国际机场"将获得修建一套新跑道 15 亿卢布的补贴。将向国有公路公司 2018 年投入 863 亿卢布、2019 年投入 812 亿卢布，2020 年投入 845 亿卢布用于公路新建与维修。

2018～2020 年俄罗斯联邦预算支出见表 9。

表 9　2017～2020 年俄罗斯联邦预算支出结构

单位：亿卢布

年份	2017	2018	2019	2020
国家问题	12490	13058	12435	12389
国家安全	20285	21081	21310	21407
国防	30544	27718	27985	28080
国民经济	23697	24041	23770	24387
住房公用事业	725	1258	985	910
环境保护	924	888	928	982
教育	6080	6632	6534	6689
文化	955	937	892	845
医疗卫生	3892	4603	4285	4994
社会政策	50536	47061	47418	48733
体育	938	592	373	389
大众传媒	832	827	678	679
债务偿还	7303	8243	8191	8698
转移支付	8084	8353	7954	8082
合计	167285	165292	163738	167264

资料来源：根据俄罗斯 2017～2019 年联邦预算和 2018～2020 年联邦预算测算。

为提高政府预算支出绩效，强化预算绩效管理原则，俄罗斯自 2011 年开始实施国家规划。俄罗斯国家规划的制定需要与国家的发展战略及政策优先发展方向高度一致，需要提出明确的结果目标，详尽的实施方案，预算资金需求，保障国家核心职能实现，以及国家在经济社会和国家安全领域目标达成的政策工具。俄罗斯国家规划由联邦执行机构依据相关的国家发展战略制定。

俄罗斯每年编制 39 项国家规划，涵盖 5 大领域。其一，提高生活质量。在国家规划的 5 大领域中，提高生活质量是规模最大的，共包含 12 项国家规划。包括教育、医疗、社会保障、环境美化、提高住房和公共事业服务质量、促进就业、维护社会秩序和打击犯罪、打击贩毒、消除极端事故影响、发展文化和旅游、环境保护、发展体育方面的内容。其二，建设高效国家。主要包括"联邦财产管理""发展金融和保险市场，建设国际金融中心""维护正义""国家金融管理""对外政治活动"5 项国家规划。其三，保障国家安全。主要包括"保障国家安全"国家规划。其四，平衡地区发展。主要包括"地区政策和联邦关系""北高加索联邦区发展""加里宁格勒社会经济发展""远东和贝加尔地区发展""为建设高效、负责任的地区和地方财政创造条件，提高联邦主体预算稳定性"5 项国家规划。其五，经济创新与现代化。主要包括"科学技术发展""经济发展与创新经济""发展工业、提高工业竞争力""发展航空工业""发展船舶制造工业""发展电子和无线电工业""发展医药工业""俄罗斯空间活动""发展原子能工业综合体""信息社会""发展交通体系""发展农业，调节农产品、原材料和食品市场""发展渔业综合体""开展对外经济活动""自然资源再生利用""发展林业""能源效率和能源开发"17 项国家规划（见表 10）。

2018 年，俄罗斯将国家规划的优先实施方向集中于支持对国家发

表 10　俄罗斯 2016～2020 年国家规划预算

单位：亿卢布

	2016 年	2017 年	2018 年	2019 年	2020 年	2018～2020 年合计	2018～2020 年国家规划合计占联邦预算比重（%）
联邦预算支出	164164	167284	165292	163738	167624	496654	
国家规划支出合计	84361	93316	91085	87208	88420	266713	53.3
其中：							
提高生活质量	34115	33601	33182	31958	32825	97965	19.6

续表

	2016 年	2017 年	2018 年	2019 年	2020 年	2018 ~ 2020 年合计	2018 ~ 2020 年国家规划合计占联邦预算比重（%）
经济创新与现代化	21360	23017	21589	20424	20697	62710	12.5
建设高效国家	13374	16457	16655	16138	16716	49509	9.9
平衡地区发展	8578	10080	10778	10418	10256	31452	6.3
保障国家安全	6934	10161	8881	8270	7926	25077	5.0
国家规划占预算支出比重（%）	51.5	55.8	55.1	53.3	51.5	—	53.3

资料来源：根据俄罗斯 2017 ~ 2019 年联邦预算和 2018 ~ 2020 年联邦预算测算。

发展最有前途和最重要的工业、运输、能源、农业、国防、信息技术，以及教育、医疗保健、住房建设等领域的项目。2018 年俄罗斯国家规划的主要实施项目见表 11。

表 11 俄罗斯 2018 年国家规划优先支出项目

单位：百万卢布

项目	金额
房屋抵押和出租	20000
中小学生现代教育环境建设	24500
现代数字教育环境建设	300
先进工艺技术人才培养	3532.6
高校创新中心建设	12746.6
儿童校外教育	1270.6
安全高质道路建设	31250
舒适的城市环境建设	25101.4
保障住房公用事业服务质量	5006.9
降低有害物对环境消极影响	2769.7
伏尔加河保护及垃圾处理	481.2
国际合作和出口发展系统措施	6511.9
工业国际合作和出口	16044.7
农产品出口	659.5

项目	金额
俄罗斯教育体系出口潜力发展	482.7
边远地区居民医疗紧急救助保障	3234.0
技术熟练专家医疗服务	1506.5
健康生活方式培养	403.5
建立新型医疗急救组织	90.0
支持小微企业创新	9835.5
城市群综合发展	4595.3
监督检查改革	166.0
劳动生产率提高和支持就业发展	1500.0
优先发展方向（规划）合计	171988.6

资料来源：根据俄罗斯2018~2020年中期预算测算。

七　公开透明度不断提升，秘密支出占比逐年下降

在俄罗斯，预算公开的历史不算太长。2005年，俄罗斯正式引入预算公开，第一次开始向民众解释什么是政府预算。2006年，俄罗斯出版《俄罗斯预算指南（2006）》，这本书以非常通俗的方式讲述了什么是政府预算，政府制定预算要经历哪些过程，以及政府预算的结果是如何产生的。这本书在俄罗斯引发了巨大的社会反响，引起了社会各界，特别是地方政府的高度关注。在一些地区，例如在克拉斯诺亚尔斯克地区、西伯利亚地区，以这本书为模版，开始发布本地区的预算指南。

其后，预算公开成为俄罗斯国内各类学术研讨会，以及互联网上民众持续关注的话题。预算公开也由狭窄的专业研究领域变成社会各界共同关心的开放空间。政府的积极推动，民众的广泛参与，使俄罗斯预算公开得到迅速发展。2006年，国际预算合作组织第一次对世

界上 59 个国家进行预算公开指数评级，俄罗斯获 47 分，居于第 28 位。2016 年，国际预算合作组织进行第六次预算公开指数评级，俄罗斯的预算公开指数上升到 76 分，在 100 个参评国家中居于第 10 位，是世界上预算公开程度最高的国家之一。而在预算信息提供程度这一指标上，俄罗斯仅次于美国、韩国和捷克，跃居第 4 位。

与此同时，俄罗斯的秘密支出占比也在不断下降，占预算支出总额的比重由不断扩大改变为逐步压缩。2018 年，俄罗斯秘密支出占联邦预算支出的比重仅为 18.6%，比最高点的 21.7% 下降了许多。

在俄罗斯，属于秘密预算支出的范围较广，几乎涵盖了预算支出的各个领域，例如全国性问题（即一般公共管理支出）、国防、国家安全、国民经济、住房、教育、医疗卫生、体育等，但除国防和国家安全外，其他各领域的秘密支出占比都在逐年下降。

八　小结

对于 2018～2020 年联邦政府预算，俄罗斯社会各界的意见并不一致，可以说是毁誉参半。赞成该预算的人士认为，2018～2020 年预算的编制思路是正确的，该预算兼顾了社会各阶层的利益，有效保障了国家义务的履行、财政预算的稳定和通货膨胀率的下降，减轻了国家对石油及能源的依赖，最终可有效促进国家经济平稳健康发展。而最为重要的是，通过 2018～2020 年联邦预算，俄罗斯 5 年来首次实现了预算领域工资指数化上升，教育、医疗领域的工作人员及军人工资收入的提高首次超过通货膨胀水平。

反对 2018～2020 年预算的人士则认为，该预算存在一系列严重的问题，需要对核心的支出指数进行全面的修订，例如要提高母亲资本、养老金、地区补贴，提高给年轻家庭的补贴，减少储备基金投入和外债偿还支出。此外，联邦政府预算支出在 3 年内大幅度下降，由

2017 年占 GDP 的 18.1% 下降到 2020 年的 15.6%，这一目标也将是难以实现的，因为这样一种支出状况不仅无法保障促进经济发展的必要支出规模，还会导致社会义务无法得到全面公正的履行。再者，联邦预算支出结构明显恶化：被削减最多的是生产性支出，如基础设施建设、人力资本投入、科技支出等，在这些领域支出的大幅度缩减，将会导致俄罗斯经济发展后续乏力。

总体来看，俄罗斯 2018～2020 年的联邦政府预算编制依然保持了一以贯之的谨慎乐观态度，其保民生的思想容易达成，而促发展的目标则较难实现。

俄罗斯历史问题

吴恩远

吴恩远，中国社会科学院俄罗斯东欧中亚研究所研究员，北京师范大学等高校兼职教授，1994年被中国社会科学院授予突出贡献专家，享受国务院政府特殊津贴。毕业于四川大学，后就读于中国社会科学院研究生院，获史学博士学位，曾在保加利亚索菲亚大学和俄罗斯莫斯科大学学习。出版专著多部，如《苏联史论》《苏联兴亡史纲》等；在国内各类杂志及俄罗斯科学院《祖国史》《莫斯科大学学报：历史卷》《俄罗斯在20世纪》等杂志上发表论文上百篇；有9篇研究报告获中国社会科学院优秀信息特等奖和二、三等奖。

我今天带了材料，可惜这里没有PPT，我也展示不出来，我就凭记忆讲吧。我看了一下今天的发言材料，谈历史的好像就我一个人，但是我觉得我们研究当前问题，对历史的了解还是非常重要的。举几个例子，比如说普京，他在制定俄罗斯国内外战略时，就总结了俄国历史的经验。普京列举了在俄罗斯流行过的三种思想，包括苏维埃的思想、沙皇专制的思想，以及西方自由主义的思想，他认为这三种思想都不适合俄罗斯的国情。那么他在总结历史经验之后提出了什么呢？他提出了保守主义。保守主义是18世纪欧洲流行的一种政治思潮，普京认为这种思潮适合当今的俄罗斯，提出要用保守主义作为俄罗斯的思想指导，这就是普京研究了俄国历史以后做出的总结。如今，普京已把保守主义写进了俄罗斯统一党的党章中。中国在纪念二战胜利70周年的时候，提出要尊重二战的成果。根据雅尔塔协议，苏联出兵东北，日本必须归还当年占领俄罗斯的岛屿，其中包括南千岛群岛（日本称为"北方四岛"），俄罗斯很快注意到我们这个提法，然后普京马上在南海问题上表态，支持了中国，因此我觉得历史问题还是非常值得与现实问题联系起来研究的。

我们在谈历史问题的时候会有很多观点，我们该怎么来分析历史问题对现时的影响呢？我觉得这里面很重要的一点就是要找主流的观点，什么是俄罗斯对历史问题的主流观点呢？我认为有这么几点需要加以关注。

其一，政府的观点。

其二，普京的观点。普京虽然只是一个人，但是他的民众支持率达到70%～80%，所以他代表了相当一部分民众的观点。

其三，直接表达民众观点的各种民意测验。俄罗斯每年都要搞很多民意测验，包括对十月革命、斯大林、普京的评价等，这些民众观点代表了一定的，至少是这一段时间内大部分人的看法。

其四，一些重要的权威性著作。比如说研究苏联经济，那么俄罗斯科学院经济研究所新近出版的由阿巴尔金主编的《苏联经济史》（2007年）当然就是最具权威性的材料了。而且它是近年刚刚出版的，有对俄罗斯经济的最新评价。又比如俄罗斯历史教科书。这里面有很多很重要的观点。举个简单的例子，这本教科书对苏联模式的评价，用了"现代化的独特的模式"这一词语来表示。何谓主流观点，有两个特征。第一，有国家制定的标准。比如，如今在俄罗斯不是谁都可以编教科书的。俄罗斯专门成立了一个历史委员会，是国家级的，它的主席是原国家杜马主席拉雷斯津。由这个历史委员会制定了一个历史标准，就是对俄罗斯的大小历史事件，历史教科书必须按照这个标准来写。教师在课堂上对历史事件怎么讲，也不是随意的，你必须按照教科书的这个历史标准来讲。从大的事件，如二月革命、十月革命，到小的事件都有标准。另外，教科书的出版必须经过俄罗斯历史教科书委员会通过和俄罗斯教育科学院认可。我今天所讲的材料，就是由此而来的。第二，就是官方提供的最新材料，我们要对俄罗斯的历史做评价，当然要用最新的材料。最新的材料在什么地方能看到呢？比如，在2017年的瓦尔代论坛上，普京对苏联模式有一个评价，这代表了他最新的观点，所以是一个有权威的材料，是一个最新的材料，我们在研究时可以对他不同的观点做比较，从中发现一些新的变化。

当然俄罗斯的主流观点不一定就是正确的观点，但是它可以帮助我们思考，告诉我们大多数俄罗斯人对一件事怎么看，你可以完全不同意他的观点，甚至可以否定他的观点，但必须先了解他的观点。

限于时间关系，我这里只讲两个俄罗斯的主流观点。一个是对十月革命的评价，另一个是对斯大林的评价。

目前，在俄罗斯对十月革命有不同的评价，有人说普京彻底否定十月革命，我不这样认为。总体来讲，普京对俄罗斯历史秉持尊重的态度，他多次强调要尊重本国的历史，不要诬陷，更不要诬蔑。但是他有二元对立的观点，一方面肯定苏联的成就，一方面认为苏联犯过很大的错误。比如2016年12月19日，普京总统发布命令要求纪念俄国革命100周年，而且组织了筹备委员会。历史委员会的主席拉雷斯津是筹备委员会的负责人，文化部部长梅津斯基负责具体的工作。既然国家出面纪念俄国革命100周年，怎么可能是否定呢？否定是批判它，而不是纪念它。大家也看到了，11月7日晚上，在冬宫上演了一场非常精彩的大戏，整个冬宫被各种激光灯束照亮，整个十月革命的过程都被用画面显示出来了，场景非常漂亮、非常隆重。俄罗斯在中国革命博物馆也举办了一个十月革命展。普京对十月革命有一个基本的评价：一方面，他认为当时不一定非得用革命的、激进的手段来解决问题，而且认为枪杀沙皇一家是不人道的；另一方面，他也承认，如果不推翻沙皇政府，俄罗斯就不可能在第二次世界大战中战胜法西斯德国。他说：如果还在尼古拉二世时期，我们肯定打不赢这场战争。这显然是对十月革命的一种肯定。2017年7月23日，普京登上了阿芙乐尔号巡洋舰，那时，阿芙乐尔号巡洋舰已经有4年没有跟观众见面了，在它重新修好的第一天，刚刚被拉到涅瓦河畔，普京就登上舰艇来参观。大家知道，阿芙乐尔号巡洋舰本身就是十月革命的纪念馆，而且在阿芙乐尔号巡洋舰的炮身上有一段铭文，铭文上面写的是："根据革命委员会的指示，10月25日晚上向冬宫开炮，打响了十月革命的第一炮。"所以普京亲自参观阿芙乐尔号巡洋舰，被俄罗斯各大媒体普遍报道为，这是普京纪念十月革命的一种举动。同时，普京多次谈到十月革命以后建立的政权，比如在这次瓦尔代论坛上，他有这么一段话：十月革命以后建立了一个比较公正、公平的政府，消除了文盲，帮助工人解决了失业的问题，而且改善了人民的生活状况。实际上这也就是肯定了十月革命。与此同时，梅津斯基也谈到，十月革命后建立的政府，为建立一个公正、公平的社会起到了世界性的影响，这显然指的是十月革命的影响。另外就是在那本历史教科书中特别谈到了二月革命后，为什么资产阶级政府不能保住政权，因为布尔什维克正确地满足了人民的要求，提出了"和平、土地、面包"的口号，因此工人阶级的队伍迅速壮大，这就肯定了布尔什维克取胜的历史原因，这是历史教科书的观点。

普京和俄罗斯政府对于十月革命，持一种二元对立的态度，一方面肯定十月革命的成就，另一方面也否定布尔什维克的一些做法。普京的总体思想是既纪念十月革命也纪念二月革命，以使红军的后代和白军的后代达成和解，促进社会和谐。另外，纪念俄国革命100周年也是为了防止"颜色革命"。他多次谈到，在俄国革命期间，有多个国家对俄实行了武装干涉，使800万人流离失所，其中有200万人被迫到了国外，如果俄罗斯发生"颜色革命"，再让外国的武装打进来，俄国就会再次经历100年前所受的迫害，所以必须接受历史教训，促进社会的公正和谐。

普京对十月革命后建立的苏联社会高度评价，他多次说：第一，我们消灭了俄国2/3人是文盲的状况，这是苏联共产党的功劳；第二，我们改善了劳动人民的生活处境，建立了医疗保障制度，这也是苏共的功劳；第三，我们工业发展起来了，打败了德国法西斯，这是当时的社会制度起到的巨大作用。

有人提出俄罗斯是"纪念"，而不是"庆祝"俄国革命100年。庆祝还是纪念，确实词义有区别，但是我觉得，重要的不是探讨词义，重要的是讨论十月革命应不应该发生，它对于俄罗斯社会有什么意义。现在俄罗斯主流观点，对十月革命应当发生，包括二月革命应该发生，应当取代沙皇政权，没有太大的异议。最近有人说，普京又回到沙皇专制了，普京说："我对专制毫无兴趣。"这一点和戈尔巴乔夫时代是完全不一样的。

第二个是对斯大林的评价。普京也持有二元对立的态度，一方面，他不赞成苏联的集权专制，为此还下命令在俄罗斯建立了"伤心墙"。为建这个"伤心墙"普京发了两道命令，但很奇怪的是，普京在命令中并没有如一般人所认为的那样直接指出是纪念被斯大林

"大清洗"的那些人，命令中既没有指出迫害的主体，也没有指出被迫害的客体，更没有指出纪念什么时间的迫害事件。确实有人认为，这一看就是指纪念斯大林"大清洗"中受迫害的那些人。或许可以这么说，但为什么普京在命令里恰恰不指出这一点呢？普京的态度非常明确，他就是在有意回避，只是建一个政治迫害纪念碑，究竟是谁迫害谁，在什么年代迫害的，他故意不写。这就表明了普京的思想，他不希望借这个事情来重新挑起社会矛盾，这一点十分清楚。

最新的材料是 2017 年 6 月 25 日，普京会见了美国好莱坞导演奥利弗·斯通，后者为普京拍摄了《普京传》。普京在会见中有三个评价斯大林的新观点值得注意：第一，他说过去存在妖魔化斯大林的情况，而且非常过分，他说这是冷战时期美国对苏联的手段；第二，斯大林的所作所为是顺应了时代的要求；第三，谁攻击斯大林就是攻击俄罗斯和苏联。普京把斯大林摆在与国家同等的地位。当前，俄罗斯的民意测验评价人类社会最伟大领袖时，斯大林多次被排在第一，普京或普希金被排在第二位，这就是当前俄罗斯的一些主流观点。

充分认识中俄关系的
重要性和复杂性

王海运

王海运，少将，前中国驻俄罗斯使馆武官。国际战略领域知名专家，多个国家级研究课题主持人。现任中国国际战略学会高级顾问、上合组织国家研究中心高级顾问、俄罗斯东欧中亚学会常务理事、中俄战略协作高端智库常务理事、中国国际问题研究基金会能源外交研究中心主任、察哈尔学会国际咨询委员、上海大学上合组织研究院博士生导师以及多家媒体学术顾问等。长期从事俄罗斯、上合组织、国际形势、外交战略、国际能源关系研究。出版专著《叶利钦时代的俄罗斯》《王海运将军文集：国际观察与思考》《能源外交概论》等，并出版译著多部。

中俄关系问题涉及面很宽，时间关系，仅就中俄关系的重要性和复杂性谈点看法。在座各位都是研究欧亚问题的，可以说是中央运筹对俄关系的智力依托，肩负着推动中俄关系进一步深化的使命，只有充分认识中俄关系的重要性和复杂性，方能为对俄关系运筹提供正能量。

在对中俄关系的认识上，我国俄罗斯问题研究界存在较大分歧。有的人说得比较直接，有的人说得比较含糊，但是言谈中明显让人感到他们对中央的对俄方针不是那么认同。这种情况已经影响了我国对俄关系的舆论氛围，增大了俄罗斯对我国的战略疑虑。所以，不能不予以高度重视。

必须认识到俄罗斯在我国战略全局中具有多方面的战略价值，认识到俄罗斯是新时期我国全球战略运筹特别值得借助的国际力量。

第一，俄罗斯是具有重大国际影响力的"世界级玩家"。

从综合国力看，俄罗斯是个具有重大国际影响力的"世界级玩家"。俄罗斯国土辽阔、资源丰富，这些不用多讲，大家都很清楚。俄罗斯的 GDP 虽然仅仅相当于我们的广东省，但是它在国际舞台上所扮演的角色十分重要，绝不次于中国。今日的俄罗斯虽然不能与苏联相提并论，但是其大国抱负仍然强烈，仍然拥有大国底蕴、大国魄力，时常能够以有限的投入赢得重大的战略利益。仅凭它在最近几场国际危机中表现出来的国际战略运筹能力、民族凝聚力，就可以认为，俄罗斯仍然是具有大国作为、大国能量的世界大国。对此，我们必须予以正视。

第二，俄罗斯是建设性的国际力量。

从"准多极世界"的主要矛盾看，俄罗斯无疑是一支建设性的国际力量。当今世界，既不是美国一家独霸的单极世界，也不是多边共治的多极世界，而是从单极霸权向多极制衡过渡的"准多极世界"。"准多极世界"的主要矛盾是，美国维护单极霸权的非理性挣扎与健康力量构建平衡稳定的多极世界的矛盾。这个矛盾决定了中国的战略选择。特别是在中美俄大三角关系中，俄罗斯有望成为我国对冲美国霸权、拉动对美关系、平衡国际格局、构建新型国际秩序的主要战略伙伴。我国这些年的国际实践充分说明了这一点。正因为此，我国领导人才认为，中俄关系是"全球战略稳定的压舱石"。

第三，中俄互为最大邻国。

从地缘战略现实看，中俄互为最大邻国，相互都是对方安全与发展的"半边天"。长达4300公里的共同边界，对于两国的安全环境和发展环境都具有十分重大的影响。对俄关系对于我国构建经略海洋的陆上战略纵深和战略依托的价值尤其重大。历史的经验教训非常深刻，海防、边防孰重孰轻的争论记忆犹新。军事上的一个重要规律是，绝对不能陷入两线作战。中国不能在遭遇美国战略围堵的情况下再与俄罗斯交恶，必须千方百计地拉住俄罗斯，用好俄罗斯因素。为了防范域外大国在两国共同周边"生乱生战"，中俄同样需要联手合作。两国联手合作，更是上合组织存在与发展的根本性保证，而上合组织是我国参与创建、对我国具有多方面重大战略价值的新型区域合作组织。

第四，中俄存在诸多相似之处，亦可高度互补。

从战略优势看，中俄高度互补，可以相互借力。综合国力上优势互补，可以产生"1＋1大于2"的效应。外交运筹上优势互补，一刚一柔，可以刚柔相济、相互支撑。发展要素、发展机遇上优势互补，务实合作潜力巨大。军事安全上优势互补，可以背靠背、构成掎角之势，大大减轻我安全压力。这些对我们来说，都具有战略意义。

从国际战略处境看，中俄两国存在诸多相似之处。两国同为新兴大国、非西方大国、转轨中的大国、美国的主要遏制对象国。中俄战略处境的这种高度相似性，在两国与其他大国关系中绝无仅有。这就决定了两国战略利益存在广泛相近性，战略理念存在广泛相通性。

从战略理念看，两国同样具有广泛的相通性，这在两国与各大国关系中也绝无仅有。中俄均赞同国家关系应建立在相互平等、相互尊重基础之上；均致力于通过对话协商增进互信、深化合作；均坚持互利共赢、相互考虑对方的利益关切；均认同"不结盟、不对抗、不针对第三国"原则。不论在世界多极化、国际关系民主化、世界文明多样性问题上，在建立公正合理的国际政治经济秩序问题上，在反对霸权主义与单边主义、维护以联合国为中心的国际安全机制和以不干涉主权国家内政为核心的国际安全准则问题上，还是在维护国家主权统一、反对动辄制裁和滥用武力问题上，在反导、太空非军事化、北约东扩、防核扩散问题上，在反恐和打击"三股势力"问题上，在朝核、东北亚安全问题上，在维护二战历史严肃性、落实二战战胜国国际法安排问题上，中俄都有着非常相近的主张。甚至在价值观问题上，两国也有着广泛相通的理念。俄罗斯的"主权民主""可控市场经济"与中国的"社会主义民主""有中国特色的社会主义市场经济"有着许多相通之处。在坚持政治经济发展模式自主选择、应对西方意识形态打压问题上，特别是在民主选择的自主性、民主模式的多样性等问题上，两国的理念与主张更是高度相近。战略理念的广泛相通性，既为两国关系的长期稳定提供了根本性保证，也为新型国际关系特别是新型大国关系的构建树立起一面旗帜。

从中俄关系的现实看，两国全面战略协作伙伴关系的基础相当坚实。新俄罗斯独立建国、中俄建交20多年来，两国关系接连迈上几个台阶，从未发生过大的磕绊，这在两国与各大国的关系中很难看到。两国领导人对当前中俄关系的评价都是，"处于历史最好时期""新型大国关系的典范"。两国领导人这么讲，并非外交辞令，而是基于对两国关系的客观评估，是有充分依据的。

俄罗斯因素在我国战略全局中的重大战略价值是客观存在的，但是，如果对此缺少战略认知，仍然不可能为我国所用。

据我观察，中央对中俄关系重要性的认知是非常深刻的，立意非常高远，运筹力度很大。我们的认知如何？建议大家冷静思考。我们应当本着对国家的责任感，认真领会中央对俄关系方针。这关系到立场、方法以及对国家利益的认知。

从俄罗斯方面来讲，据我观察，从普京到高层精英，对中国在俄战略全局中重大价值的认知也是越来越清醒。10多年前我曾经发表过关于俄罗斯对华战略思维的文章，认为可以用八个字来概括：看重、借重、防范、怀疑。现在可以说，俄对我更加看重、更多借重、怀疑依然存在、防范明显减少。

现在谈谈中俄关系的另一个侧面，即复杂性问题。谈论复杂性的目的是，增强我们对俄交往的针对性，更好地运筹对俄关系，更多地发挥正能量，促使俄罗斯更加重视对华关系、更加积极地发展对华关系，而不是增大俄罗斯对中国的战略疑虑。

第一，两国的战略文化存在巨大差异。

俄罗斯的大国主义、势力范围思维、主导权追求、本国利益最大化理念、行事风格的极端性和多变性，都与中国以儒家文化为根基的"和合"文化非常不同。战略文化上的这种差异，不可能不影响到高层和精英层的战略思维，两国交往中难免发生磕碰。

第二，历史遗留下来的恩恩怨怨。

沙皇俄国是帝国主义列强中侵占中国领土最多的国家，而多数俄罗斯人至今不愿意承认这一历史事实。斯大林、赫鲁晓夫时期的苏联曾经给予中国重要援助，但是其民族利己主义、大国沙文主义也对中国造成了极大伤害，勃列日涅夫时期的中苏关系更是恶化到了剑拔弩张的地步。从俄罗斯方面讲，则对中国在冷战后期与美国联手抗苏难以完全释怀，对中国舆论场上不时出现的"收复历史领土"的声音非常警惕。

说到历史领土问题，我们国内舆论界确实存在不少杂音。有些人不断在提、在讲这个问题，甚至提出"先还领土，再谈友好"，全然不顾两国在睦邻友好合作条约中已经明确写入"相互不存在领土要求""两国间不存在政治问题"。必须明白，在当前形势下挑起"历史领土"争端，对于"收复历史领土"没有任何帮助，相反，只会引起俄罗斯舆论界"中国领土要求论""中国人口扩张论"泛起，削弱两国关系的民意基础。我国俄罗斯问题研究界，特别是中苏关系史、中俄关系史学研究者，有责任引导社会舆论淡化历史问题，强化双方对共同利益的认知，夯实两国关系的民意基础。

我跟俄罗斯人打了几十年的交道，应该说对俄罗斯的两个侧面都有所认知。我不赞成光说俄罗斯人怎么强、怎么重要，也不赞成光说俄罗斯怎么无足轻重、怎么不地道。必须重视"中国威胁论"在俄罗斯的广泛存在，特别是"中俄力量对比失衡论"存在进一步加剧的可能。中国快速崛起，中俄力量对比差距越拉越大，"中俄力量对比失衡论"在俄罗斯的影响有所增大，俄罗斯对中国崛起不适应、不放心的情况广泛存在。如何消除俄罗斯人对中国崛起的疑虑，也是我们必须面对的问题。

还有一些人，动不动就唱衰俄罗斯，今天崩溃了，明天不行了。几个城市一游行，马上就说普京执政没有社会基础，普京要下台了。是那么回事吗？我们研究俄罗斯问题的同志，对俄罗斯的亲西方反对派、反普京势力究竟有多大社会基础、多大能量，应当客观地评估，而不能以"学术自由"为名唱衰俄罗斯、唱衰中俄关

系。学术自由不能没有立场，必须努力维护国家利益、服务于中央
对俄外交的运筹。

第三，两国关系定位问题。

两国领导人均坚持"全面战略协作伙伴关系"的基本定位。习
近平主席强调，中俄应当在"结伴而不结盟"方针指引下进一步深
化战略协作与务实合作。我认为，"进一步深化中俄全面战略协作伙
伴关系"的提法，既符合中俄关系的现实，又符合积极进取的要求。

有些人提出两国要结成军事同盟，我认为不仅缺少现实条件，而
且可能带来严重后果。军事结盟意味着什么？意味着要放弃独立自主
的外交方针，意味着要部分让渡国家主权，意味着我们要为俄罗斯某
些不理性的行为背书，关键时刻还要承担军事义务。我认为，我们目
前难以做到，俄罗斯也做不到。中俄结盟的另一重要条件是必须确保
相互平等，为此需要促俄抛弃大国主义、主导权追求、势力范围思
维，显然目前还缺少这种现实可能。中俄的战略目标都是成为未来多
极世界中的独立一极，中俄结盟与此目标也存在矛盾。两国民意对于
缔结军事同盟关系也有不少疑虑，两国国内的亲西方势力和极端民族
主义势力对中俄结盟构成的牵制也不容低估。

此外，中俄军事结盟可能造成严重后果。中俄结成军事同盟，即
使再拉上几个中小国家，相对于美国遍布全球的同盟体系，也只能是
一个弱势联盟，在由此可能催生出的强弱不对称的新的两极世界结构
中，必然面临巨大的战略困境。中俄结盟还会引起美国等国的强烈反
弹，很可能引发全面对抗甚至新的冷战，严重恶化我国的安全环境和
发展环境，打乱我国和平崛起的进程。中俄军事结盟还关系到上合组
织的未来，不排除引起上合组织分化的可能。而且，与少数国家结成
军事同盟，可能引起一些发展中国家的疑虑，不利于我构建更加广泛
的"周边紧密朋友圈"和"全球伙伴关系网络"。

因此，我认为，不应不顾现实条件和可能后果奢谈军事结盟，而

应努力争取"进一步深化全面战略协作伙伴关系"。

中俄"全面战略协作伙伴关系"有巨大的提升空间，值得继续坚持，但是应当确立更高的战略目标："不冲突不对抗、相互尊重、合作共赢"的"新型大国关系"的典范；睦邻友好、共同维护周边安全稳定的"好邻居"；破解美国战略围堵、相互维护国家核心利益的"好伙伴"；中国经略海洋的战略纵深、俄罗斯稳定西部战略方向的战略后方；集结新兴力量、构建新型国际秩序的战略盟友；建设上合组织的两大"主力军"，"一带一盟"对接合作、打造"欧亚全面伙伴关系"的两大"领头雁"；优势互补、共同发展的务实合作伙伴。

特别是在军事安全领域，两国有必要在"全面战略协作伙伴关系"的框架下结成"特殊友军关系"：在军事战略上相互增大透明度，确保相互信任；在军事部署上背靠背，构成掎角之势；在军事行动上肩并肩，相互助力；在军事理论和军事改革上相互借鉴，相互促进；在军事技术上联手研发，争取突破。

如能实现上述战略目标，中俄关系事实上就将成为一种"准同盟关系"。也就是"不承担军事义务的战略联盟"，"彼此视对方为亲密盟友"的伙伴关系（普京语）；双方既保持独立自主又进行机制性协作，构成利益与共、责任与共的"命运共同体"。在"准同盟关系"框架内，中俄将在应对遏制围堵上背靠背、肩并肩，在经济社会发展上相互支持、相互配合；以中俄为核心，吸引志同道合的发展中国家首先是新兴大国共同参与，集结有别于西方世界的新兴力量，改变严重失衡的国际战略格局，推进新型国际秩序的构建。

最后，我想用一两分钟回应一下关于"大欧亚伙伴关系"的一些争论。对"大欧亚伙伴关系"构想，我总体上给予积极、正面的评价。我不认为"大欧亚伙伴关系"是对"一带一路"的对冲，而认为是相向而行。为什么？其一，两者在理念上是相近的，都是旨在推动欧亚地区国家的共同发展。其二，两者都是开放性的，而不是封闭的、排他性的。"大欧亚伙伴关系"提出要将上海合作组织、欧亚经济联盟，甚至东盟联结在一起。其三，普京是在访华前在接受中国记者专访时提出这一概念的，并且明确提到要与习主席共同商讨共建"大欧亚伙伴关系"问题。在两国元首联合声明中虽然采用了"欧亚全面伙伴关系"的提法，但是基本内涵没有实质变化。其四，"大欧亚伙伴关系"不仅没有否定"一带一路"，而且提出要和"一带一路"相互配合，共同推进。

既然两国元首以联合声明的形式肯定了这个构想，那就已经不是学者的畅想了。普京前不久好像在《大公报》上有篇文章，专门谈论"大欧亚伙伴关系"，可见俄罗斯对此问题的重视。所以，关于共建"大欧亚伙伴关系"问题，我们学界应当予以足够的重视，组织力量进行深入研究。

当然，这里可能有个主导权问题。俄罗斯习惯于追求主导权，以彰显其大国地位。但是，这对我们来说没什么了不起，我们要有充分的自信，力量对比放在这里嘛。更何况俄罗斯权威专家明确提出，在"大欧亚伙伴关系"经济合作领域，希望中国发挥主导作用。

所以，对于"大欧亚伙伴关系"计划，我认为应当给予积极的评价，应当相向而行，争取使"大欧亚伙伴关系"与"一带一路"相互配合，共同服务于我们的战略运筹，共同推动欧亚大陆中部地区经济板块的凸起，并且借以集结新兴力量，打造新兴力量统一战线，改变严重失衡的国际格局，共同构建更加公正合理的新型国际秩序。

中国与白俄罗斯关系的现状分析及前景展望

赵会荣

赵会荣，中国社会科学院俄罗斯东欧中亚研究所研究员，乌克兰、白俄罗斯、摩尔多瓦及波罗的海三国研究室主任，兼任国务院发展研究中心欧亚社会发展研究所特约研究员。主要研究方向是乌克兰、白俄罗斯及中亚问题。主要学术专著有《中亚国家发展历程研究》《大国博弈——乌兹别克斯坦外交战略设计》；《阿塞拜疆》（合著）；译著《白俄罗斯简史》。

在苏联解体后获得独立的 15 个国家中，白俄罗斯按照面积、人口和经济总量都排不上前三位。不过，按照时间顺序，白俄罗斯却是中国在后苏联空间建立的第三个全面战略伙伴，排在俄罗斯（准确地说是"全面战略协作伙伴"）和哈萨克斯坦之后。白俄罗斯也是后苏联空间国家中率先提出与中国发展全天候友谊的国家。

一　中白关系的现状

1991 年 8 月 25 日，白俄罗斯获得独立。1992 年 1 月 20 日，白俄罗斯部长会议主席克比奇访华期间，中白两国正式签署建交协议。中国成为较早承认白俄罗斯独立的国家之一。中白两国政治互信水平很高，在涉及双方核心利益的问题上相互支持、相互合作。两国在重大国际问题上立场一致，在联合国等多边框架内的合作非常稳定。两国都主张世界格局多极化，反对干涉主权国家的内部事务。两国在人权问题上密切合作，都一贯反对将人权问题政治化，反对借人权问题对主权国家施加政治压力。2005 年 12 月 5 日，卢卡申科总统对中国进行国事访问期间，两国元首签署联合声明，宣布双方关系进入全面发展和战略合作的新阶段。2013 年 7 月 15 日至 17 日，卢卡申科总统对中国进行国事访问。两国元首宣布建立全面战略伙伴关系。2016 年 9 月 29 日，卢卡申科总统再次对中国进行国事访问，双方签署《关于建立相互信任、合作共赢的全面战略伙伴关系的联合声明》，并宣布发展全天候友谊。

白俄罗斯是最早表示支持"一带一路"倡议的国家之一，也是最早与中国签订共建"一带一路"合作协议的国家之一。2014 年 12 月 22 日，中国商务部副部长兼国际贸易谈判代表钟山与白俄罗斯经济部部长斯诺普科夫在北京签署《中国商务部和白俄罗斯经济部关于共建"丝绸之路经济带"合作议定书》。2016 年 9 月 29 日，在中国国家主席习近平与白俄罗斯总统卢卡申科见证下，国家发展和改革委员会主任徐绍史与白俄罗斯经济部部长季诺夫斯基分别代表两国政府签署《中华人民共和国政府与白俄罗斯政府共同推进"一带一路"建设的措施清单》。2017 年 5 月 14 日，卢卡申科总统应邀参加"一带一路"国际合作高峰论坛。习主席会见卢卡申科总统时指出，中方视白俄罗斯为共建"一带一路"的重要合作伙伴，愿同白方深挖合作潜力，实现共赢发展。双方要加强政策沟通和发展战略对接，培育合作新的增长点。要深化经贸和投资合作，促进双边贸易平衡可持续发展，推进中白工业园建设，发挥地方合作的新引擎作用。要密切人文交往，加强教育、文化、旅游等领域合作，推进双方文化中心建设。白俄罗斯不仅致力于将自身发展战略与"一带一路"倡议对接，而且支持"一带一路"倡议与欧亚经济联盟对接。

在经济领域，纵向来看，中白经贸额总体呈现增长态势。1992 年中白贸易额为 3264 万美元，1997 年双边贸易额首次突破 1 亿美元，2005 年首次突破 5 亿美元，2013 年达到最高值 32.9 亿美元，2015 年回落到 31.81 亿美元。2016 年中白贸易额为 25.83 亿美元，比上年下降 18.8%，占白外贸总额的 5%。其中白方对华出口 4.68 亿美元，同比下降 40%，从中国进口 21.15 亿美元，同比下降 11.9%。[①] 对华农产品出口是中白贸易中的亮点，白俄罗斯牛奶和牛肉已进入中国市场，未来禽类肉制品等农产品也将进入中国市场。相比苏联解体后其他独立的国家与中国的贸易额，中白贸易额增长倍数（79 倍）处于中等偏下位置。然而，如果比较两国外贸额自身变化的情况，那么中白贸易额的增长水平已经超出中国和白俄罗斯各自的外贸额增长水平，因此可以说处在相对理想的状态。2016 年白俄罗斯外贸额为 511.48 亿美元，约为 1992 年（18.015 亿美元）的 28 倍。2016 年中国外贸额为 36849.25 亿美元，约为 1992 年（1655.3 亿美元）的 22 倍。

中白建交以来，两国依靠中方提供的优惠贷款共实施近 30 个合作项目，用贷规模超过 60 亿美元。目前，利用中方贷款实施的明斯

---

① Данные о внешней торговле Республики Беларусь по отдельным странам в 2016 r., http：//www.belstat.gov.by/ofitsialnaya － statistika/makroekonomika － i － okruzhayushchaya － sreda/vneshnyaya － torgovlya_ 2/operativnye － dannye_ 5/eksport － import － s － otdelnymi － stranami/.

克 2 号电站和明斯克 5 号电站改造项目、别列佐夫电站和卢克木里电站改扩建项目、三个水泥厂生产线项目、北京饭店项目、铁路电气化改造和 M5 公路改造项目已竣工，中白工业园、斯拉夫钾肥厂、维捷布斯克水电站、年产 40 万吨纸浆厂和年产 20 万吨涂布白卡纸厂项目、白俄罗斯电信网络改造项目、铁路电气化和公路改造二期项目、输变电项目亦已成功启动并顺利实施。其中，中工国际建设的白俄罗斯"斯韦特洛戈尔斯克纸浆厂"于 2017 年 12 月正式投产，项目总规模超过 8 亿美元，由中国进出口银行及中国工商银行以出口买方信贷方式向白方提供 85% 的项目融资，这是中白合作建成的单体规模最大的工程总承包项目，也是目前中国总承包企业在欧洲承建的第一个大型纸浆项目。该项目不仅可以满足白俄罗斯对高质量纸浆的需求，还可以促进白俄罗斯出口创汇和经济发展。① 总体而言，中国为白俄罗斯提供的贷款无论是额度还是优惠幅度都非常大，对促进白俄罗斯经济社会发展有重要意义。例如，2009 年 12 月中国进出口银行向白方提供 57 亿美元贷款，2010 年 3 月中国国家开发银行向白方提供 83 亿美元贷款。当然，由于各种原因，中方贷款额度没有完全得到利用。

中国对白投资大幅增加。根据白方数据，2012～2016 年，中国对白累计投资 10 亿美元，比上一个五年增长 2 倍。据中国商务部统计，目前中国企业对白非金融类直接投资金额超过 5 亿美元。中国企业在白俄罗斯的主要投资项目包括：中国美的集团在白俄罗斯的家电组装生产项目、北京住总集团投资建设的五星级北京饭店项目和"天鹅"住宅小区项目，吉利汽车组装厂项目。其中，中白第一个直接投资合作的项目是 2007 年在白俄罗斯建立的合资企业——美的 -

---

① 《中企承建大型纸浆厂将为白俄罗斯带来实惠》，http://news. xinhuanet. com/world/2017 - 12/11/c_ 129762425. htm。

地平线，生产微波炉。2016 年"美的"品牌的微波炉在白俄罗斯市场和俄罗斯市场均获得市场第二位的占有率。未来，该企业准备扩大生产，增加产品的品种和规模。目前，中国企业浙江中国小商品城集团股份有限公司准备在维捷布斯克州奥尔沙市"布列米诺－奥尔沙"多功能产业物流综合区内建设国际商品城。

与此同时，白俄罗斯对华投资也稳步增长。目前白俄罗斯在华主要投资项目有：白俄罗斯戈梅利农机公司在哈尔滨合资的青贮收割机等农业机械生产项目、明斯克拖拉机厂在哈尔滨和新疆伊犁的组装项目、三江瓦利特合资企业、别拉斯－中航合资企业等。2012 年白俄罗斯对华工业产品出口额约为 6610 万美元，2016 年下降到 2430 万美元，白方希望通过与中国企业合作扩大对华工业产品出口。2017 年 12 月 18 日在中国沈阳举办的中白工业论坛上，戈梅利农业机械制造股份有限公司与宗申戈梅利农业机械制造有限公司签署了 2018 年在中国进行设备联合生产的计划，总价值为 500 万～700 万美元。戈梅利农业机械制造股份有限公司和宗申公司就 2018 年成立合资公司达成协议。另外，该企业还与合作伙伴达成协议，在 2018～2019 年对大功率拖拉机进行测试和认证，并将其出口至中国，总金额达 750 万美元。白俄罗斯全球第二大矿山机械企业别拉斯与三江集团就供应配套设备达成协议。博布鲁伊斯农业机械制造股份有限公司与河北宗申戈梅利农业机械制造有限公司就在中国测试并认证两种打包机达成一致。该企业还与哈尔滨东金明斯克拖拉机有限公司和中联重科股份有限公司达成协议，启动对拖车和饲料经销商进行检测认证。明斯克汽车厂和"Fast Groups"公司达成协议，开始在白俄罗斯生产变速器。①

----

① 《关于举办白中工业论坛》，http：//china. mfa. gov. by/zh/embassy/news/e3864c0dfab937c8. html。

2016 年在白俄罗斯的中资企业增加到 191 家。① 2016 年底，中白工业园起步区建设完成。截至 2017 年 10 月，工业园入驻企业达 19 家。2016 年 1 月 16 日，中国在西昌卫星发射中心用长征三号乙运载火箭成功发射白俄罗斯通信卫星一号。2016～2017 年，中国继续对白提供经济技术援助，帮助白建设三期保障房、体育馆等设施。

中白金融合作不断发展。2007 年 9 月，白俄罗斯成为欧洲和独联体地区率先把人民币作为国际储备货币的国家。2010 年 3 月，中白双方签署《白俄罗斯共和国国家银行和中华人民共和国人民银行双边本币结算协议》和《白俄罗斯共和国财政部与中华人民共和国国家开发银行关于金融合作的框架协议》。2015 年 5 月，中白双方续签了本币互换协议，规模为 70 亿元人民币/16 万亿白俄罗斯卢布。2017 年 12 月，白俄罗斯加入亚投行。中国银联将协助白俄罗斯进行支付系统和转接网络升级。

在旅游和交通领域，2016 年白俄罗斯开始对中国旅游团体实行有条件免签政策，持有效申根签证的中国公民可免签入境白俄罗斯并停留 5 天。白方还与波罗的海三国等周边国家合作打造旅游线路，邀请中国地方媒体代表赴白亲自体验、报道和宣传白俄罗斯旅游特色，以吸引中国游客。目前，中白双方正在探讨给予中国持因私护照旅游者的便利签证政策。2017 年白俄罗斯明斯克国际机场开始提供中文服务。继 2015 年 4 月中国国航开通北京－明斯克－布达佩斯－北京航线后，白方积极争取开通中国其他城市到明斯克的航线。随着渝新欧、义新欧、郑新欧等中欧货运铁路线的开通，中白双方将积极开展国际道路运输合作，扩大中欧班列辐射范围和货运量。

---

① 《"一带一路"推动白俄罗斯扮演地区枢纽角色》，http://fec.mofcom.gov.cn/article/fwydyl/zgzx/201612/20161202074197.shtml。

在人文领域，中白科学、教育、文化合作继续推进。中白双方科技合作的领域主要包括基础科学、科技成果产业化和科技园区建设，未来合作重点是共建联合实验室、研发中心和科技成果转移中心。中国社会科学院与白俄罗斯科学院共同建设中白发展分析中心，开展学术交流、举办学术会议和开展联合研究。中国社会科学院还与白俄罗斯国立大学筹备建设中国研究中心。2016 年，白俄罗斯教育部将汉语列为高考外语科目之一。2016～2017 年，中国文化中心和白俄罗斯文化中心相继成立。

二　中白关系的前景

中白两国的政治发展都面临来自复杂外部环境的压力，双方都看重对方给予的政治支持，未来两国加强政治合作的空间广阔。双方可以继续在核心利益领域给予对方坚定的支持。白俄罗斯积极致力于推进地区和世界和平，在解决纳卡冲突、乌克兰危机等问题上扮演重要的调解员角色。白俄罗斯主张推进欧亚地区经济一体化，通过参与多边机制促进本国的发展。中白两国在联合国框架下开展卓有成效的国际协作。中国和白俄罗斯分别是"16＋1"合作机制和上海合作组织的成员国和观察员国，中白双方可以加强在"16＋1"合作机制和上海合作组织框架下的合作，中国可以支持白俄罗斯在这些多边机制内发挥更大的建设性作用。目前，白俄罗斯正在为加入世界贸易组织进行谈判，中国作为世界贸易组织成员可以与白俄罗斯分享入世经验。

习近平主席提出的新时代建设中国特色社会主义的构想与卢卡申科总统提出的面向社会的市场经济发展模式有很多相似之处。两国都面临发展创新经济、改善民生、改善生态环境、提高区域竞争力和减少区域间差异等问题。目前，白俄罗斯正在全力实施 2020 年前的社会经济发展规划，同时也在执行多个领域的五年计划，其中包括国家投资发展计划、国家出口发展支持计划、国家工业综合体发展计划等。两国对经济政策和社会发展前景的认识相似，这为两国战略和政策对接奠定了基础。着眼于中白合作的实践，双方不仅要加强战略和政策对接，还要加强法律和标准对接。

中白关系的最显著特点是以经济合作为重心，政治互信为经济合作提供基础并保驾护航。目前，中白两国已经确定了双边关系进一步深化发展的关键方向。其中包括：建设联合研究中心和科学实践中心；共同发展各个科学领域；巩固地区间合作，吸引中方的直接投资，在白俄罗斯建立汉学研究中心；实施中白"巨石"工业园合作项目等。

中白两国彼此看重对方的技术、资金和市场，双边经济合作既有深耕区也有空白点。过去中白经济合作项目以工程承包为主，融资形式以中国提供贷款和援助为主。中白两国的发展要求双方探索多样化的经济合作方式。白俄罗斯在某些工业领域拥有一定技术和人才优势，中国拥有强大的资金优势和制造能力，双方需要加强沟通，及时抓住共同利益点，谋划建立合资企业，开展联合研发和联合生产。

中白金融合作的水平需要逐步提升。2007年白俄罗斯储蓄银行在中国设立办事处。2014年双方签署《证券期货监管合作谅解备忘录》。2017年银联国际准备在白俄罗斯发行银联卡。不过，中资银行尚未在白设立分支机构，中白经济合作项目还不能获得便利的金融服务。此外，中白工业园基础设施建设融资压力较大，除了依靠中白双方不断加大投入，还需要积极开展国际融资。

中白双方需要共同努力促进贸易平衡。2016年白俄罗斯对华贸易逆差高达16.47亿美元，约占白外贸逆差的40%。白俄罗斯对华出口以矿产品和化工产品（钾肥、聚酰胺、含氮杂环化合物等）为主，白方需要通过与中资企业合作增加对华出口商品品种和数量。双方也可以加强合作扩展第三方市场，这一点非常重要。白方有必要关注和重视 2018 年 11 月中国商务部在上海举行的首届中国进口国际博览会，抓住机会展示白俄罗斯的特色商品，开拓中国消费市场。考虑到中国国内进口农产品的市场竞争已然相当激烈，白俄罗斯企业需要加强产品宣传，与中国企业合作，采用包括电商在内的多样化销售渠道和不断提高售后服务质量等办法脱颖而出。

中白旅游合作刚刚开始，非常有前景，需要完善的领域也很多。2018 年是中国－白俄罗斯旅游年。白俄罗斯需要抓住机遇，充分挖掘适合中国游客的旅游资源潜力，开发有针对性的旅游产品。目前，白俄罗斯与周边国家在旅游领域的合作还很有限，无法提供给中国游客多条跨国游线路；白俄罗斯国内的旅游线路还不为中国游客所了解，现有免签政策适用范围有限，无法起到吸引大量游客的作用；白俄罗斯国内奢侈品和特色商品在价格和服务等方面与邻国相比优势不明显；旅游服务包括中文导游数量和质量都有待提高。中白双方需要加强旅游合作研究，共同设计和开发白俄罗斯旅游市场。

白俄罗斯把交通合作作为参与"一带一路"建设的重要方面，希望增强自己在欧亚交通体系中的枢纽作用。中国可以继续与白俄罗斯合作推进白国内铁路现代化。此外，双方还要继续发展中欧班列，促进欧亚大陆的陆运和海运联通。考虑到北京至明斯克尚未实现每日均有直航航班，明斯克至北京常常需要在第三地中转，给双边人文交流带来不便，未来需要推动中白两国首都之间往返航线实现每日均有直航航班，明斯克与中国首都以外城市实现直航。考虑到中白工业园目前与周边交通体系尚未实现有效衔接和便利化，可以尝试先行设立明斯克市区至中白工业园的公交线路，以满足工业园工作人员的交通需求。

中白经贸合作过程中经常出现因为不清楚对方语言、文化、法律和政策而发生误会甚至导致合作项目流产或亏损的情况。加强人文合作是促进双边关系长远发展的百年大计，双方有必要进一步提高重视程度并在这方面加大投入。目前，白俄罗斯政府鼓励青少年学习汉语和了解中国文化，中方有必要在汉语教学师资和教材方面提供支持，适当增加享受中国政府奖学金的白俄罗斯留学生名额，为双方科研机构开展合作创造更加便利的条件和给予更加灵活的政策。

中东欧 2017：值得关注的问题

高 歌

高歌，中国社会科学院俄罗斯东欧中亚研究所中东欧研究室主任，研究员，博士生导师。主要研究领域为中东欧国家政治与外交。出版专著《东欧国家的政治转轨》《东欧两国议会》等，参与撰写《曲折的历程：中东欧卷》《欧洲的分与合：中东欧与欧洲一体化》等。

2017 年中东欧地区值得关注的三个问题是：中东欧国家的政治发展；中东欧国家与欧盟的关系；中东欧国家与北约的关系。

一　中东欧国家的政治发展

2017 年，中东欧国家的政治发展呈现以下特点。

1. 选举基本平稳进行

2017 年，保加利亚、阿尔巴尼亚和捷克举行了议会选举。

3 月 26 日，保加利亚提前举行议会选举。欧洲发展公民党以 32.65% 的选票和 95 个席位领先于社会党，名列第一①。5 月 4 日，欧洲发展公民党与"联合爱国者联盟"组成的政府获议会批准，欧洲发展公民党继续执政，博伊科·鲍里索夫第三次出任总理。

6 月 25 日，阿尔巴尼亚举行议会选举。社会党获 48.34% 的选票和 74 个席位，远超名列第二的民主党②。9 月，社会党成立一党政府，继续执政，艾迪·拉马连任总理。

10 月 20 日和 21 日，捷克举行议会选举。"ANO2011"党获 29.64% 的选票和议会 78 个席位，成为最大赢家③。12 月 6 日，总统米洛什·泽曼任命"ANO2011"党主席安德烈·巴比什为总理。12 月 13 日，泽曼任命由巴比什领导、"ANO2011"党成员和无党派专家组成的少数派政府。

2017 年，匈牙利、塞尔维亚、阿尔巴尼亚和斯洛文尼亚举行了总统选举。

3 月 13 日，匈牙利举行总统选举。由执政两党——青年民主主义者联盟—匈牙利公民联盟和基督教民主人民党支持的候选人、现任总统阿戴尔·亚诺什在第一轮投票中获议会 199 名议员中 131 名的支持，未能获得当选所需的 2/3 多数。在第二轮投票中，阿戴尔以 131 票的简单多数当选总统。④ 5 月 8 日，阿戴尔宣誓就职。

---

① 参见 https：//en. wikipedia. org/wiki/Bulgarian ＿ parliamentary ＿ election，＿ 2017 # cite＿ note - FT＿ result - 5。

② 参见 https：//en. wikipedia. org/wiki/Albanian＿ parliamentary＿ election，＿ 2017。

③ 参见 https：//en. wikipedia. org/wiki/Czech＿ legislative＿ election，＿ 2017。

④ 参见 https：//en. wikipedia. org/wiki/Hungarian＿ presidential＿ election，＿ 2017。

4月2日，塞尔维亚举行总统选举。现任总理、执政党进步党主席亚历山大·武契奇在第一轮投票中获 55.06% 的选票，成功当选[①]。5月31日，武契奇宣誓就职。

4月19日、20日、27日和28日，阿尔巴尼亚举行总统选举。经过四轮投票，一体化社会运动的伊利尔·梅塔获议会 140 名议员中 87 名议员的支持，超过当选所需的 3/5 多数，当选总统[②]。7月24日，梅塔宣誓就职。

10月22日和11月12日，斯洛文尼亚举行总统选举，现任总统博鲁特·帕霍尔在第二轮投票中获 52.94% 的选票，当选总统[③]。

除阿尔巴尼亚议会选举前因反对党抵制引发持续 3 个月的政治危机、塞尔维亚总统选举中发生了学生抗议、一些地区因选举舞弊重新进行投票外，选举均平稳进行。

2. 一些国家发生政府变动

除去议会选举带来的政府变动[④]外，罗马尼亚、克罗地亚、捷克、塞尔维亚和波兰发生了政府变动。

在罗马尼亚，1月，社会民主党与自由和民主联盟党组成的政府成员就职后不久，司法部提出关于赦免及修改刑法等紧急政令草案，引发抗议活动，总统克劳斯·约翰尼斯也予以声援。政府不顾示威者和总统的反对，通过有关修改刑法的紧急政令，反政府抗议活动在全国各地展开，国家自由党等反对党也对政府提出不信任案。2月初，

[①] 参见 https：//en. wikipedia. org/wiki/Serbian_ presidential_ election, _ 2017。

[②] 参见 https：//en. wikipedia. org/wiki/Albanian_ presidential_ election, _ 2017。

[③] 参见 https：//en. wikipedia. org/wiki/Template：Slovenian_ presidential_ election, _ 2017。

[④] 保加利亚和阿尔巴尼亚议会选举后组成了新政府，捷克议会选举后组成的新政府尚未获得议会信任投票。马其顿在 2016 年 12 月议会选举后，围绕政府组成，政党斗争和民族矛盾激化，引发抗议活动，直到 2017 年 5 月 31 日才在欧盟和美国介入下，成立以佐兰·扎耶夫为总理，由社会民主联盟、一体化民主联盟和阿尔巴尼亚族联盟组成的政府。

为平息持续多日的示威抗议活动，政府宣布取消关于修改刑法的紧急政令。随后，政府在不信任投票中过关，但司法部部长被迫辞职，政府也进行了改组。4月，自由和民主联盟党一名领导人失去党内支持，不再担任副总理兼环境部部长，他的职位由本党成员取代，导致政府在不到两个月的时间里第二次改组。6月，社会民主党主席利维乌·德拉格内亚与同为一党的政府总理索林·格林代亚努的矛盾白热化，德拉格内亚宣布社会民主党决定开除格林代亚努党籍，并向议会提交对政府的不信任案。议会通过不信任案，政府遭弹劾下台，取代它的新政府仍由社会民主党与自由和民主联盟党组成。新政府上台后，又先后有多名部长辞职。

在克罗地亚，克罗地亚民主共同体与其执政伙伴——桥党之间分歧加剧。4月，总理、民主共同体主席安德烈·普连科维奇以来自桥党的内务部部长、司法部部长和能源与环境部部长不支持财政部部长马里奇①，从而造成内阁成员不信任为由，解除他们的职务，致使桥党退出执政联盟。6月，民主共同体与克罗地亚人民党结成执政联盟。

在捷克，随着议会选举的临近，社会民主党与"ANO2011"党的竞争愈益激烈。5月，社会民主党主席、总理博胡斯拉夫·索博特卡宣布，由于"ANO2011"党主席、财政部部长巴比什财产来源可疑，导致政府信任危机，他将向总统递交政府辞呈。在总统只接受索博特卡个人辞职、不接受整个政府辞职的情况下，索博特卡转而决定不再向总统递交辞呈，而是要求总统解除巴比什财政部部长的职务。总统则要求索博特卡遵守联合执政协定，与"ANO2011"党协商确定财政部部长人选。最终，索博特卡接受了

---

① 马里奇出任财长前曾是克罗地亚最大食品公司阿格罗科尔财务主管，该公司债务缠身，反对党认为不应由马里奇来处理该公司的财务危机，要求马里奇下台。

"ANO2011" 党推荐的财长人选，巴比什被解职，索博特卡留任总理，但不再担任社会民主党主席。

在塞尔维亚，6 月，武契奇就任塞尔维亚总统后，提名无党派人士安娜·布尔纳比奇为总理。议会投票通过以布尔纳比奇为总理的新政府，进步党仍为主要执政党。

在波兰，12 月，总理贝娅塔·希德沃辞职，总统安杰伊·杜达任命法律与公正党提名的总理候选人、副总理兼财政和发展部部长马特乌什·莫拉维茨基为总理。莫拉维茨基领导的新政府宣誓就职，并赢得议会信任投票。希德沃在新政府中任副总理，除此之外，新政府中没有人员变动，莫拉维茨基仍兼任财政和发展部部长。

3. 匈牙利和波兰继续"民主倒退"

4 月，匈牙利议会通过政府提交的《高等教育法修正草案》，规定在匈牙利办学的外国高等教育机构如若颁发文凭，必须具备为其运营提供原则支持的国家间条约，没有国家间条约支持的教育机构，需要在半年内签订国家间条约；此类教育机构须获得机构总部所在国承认，并且要在其注册国家拥有校区，不能满足这一条件的教育机构自 2018 年 1 月 1 日起不能录取新生。匈牙利裔美国金融大亨乔治·索罗斯创立的中欧大学因此面临停办危机。长期以来，索罗斯因资助非政府组织和抨击匈牙利政府的难民政策而与匈牙利政府结怨，此举被认为是对索罗斯的攻击。草案通过后，中欧大学师生和其他支持者举行示威抗议。为遵从《高等教育法修正草案》的要求，中欧大学与美国巴德学院达成协议，在那里进行教育活动。10 月，匈牙利议会批准将《高等教育法修正草案》的实施时间推迟到 2019 年 1 月 1 日，这意味着将推迟一年决定是否允许中欧大学继续在匈牙利运行。

6 月，匈牙利议会通过法律，提高外国资助非政府组织的透明度。根据这一法律，一个年度内得到外国资助达到反洗钱法规定数额两倍即 720 万福林（约合 2.6 万美元）的非政府组织为外国资助的非政府组织，这类组织必须在 15 日内向法院报告，并在其网站或出版物中注明外国资助组织的性质。对不遵守该法律的组织，检察官将发出通知，要求其在规定时间内履行法律义务。对未在规定时间履行法律义务的组织，检察官将提请法院根据《非政府组织法院登记法》实施处罚。

7 月，波兰议会通过有关最高法院、全国司法委员会和普通法院人事任免的三项法案，规定最高法院现任法官全部卸任，由司法部部长任命临时接替者，并提名新法官，提交给全国司法委员会批准任命；由议会任命全国司法委员会成员；由司法部部长任免普通法院的首席法官。波兰反对党、学界及部分民众批评这三项法案破坏司法独立，华沙发生示威抗议活动。压力之下，总统杜达只签署了《普通法院组织法》，否决了其他两项法案，但宣布支持司法改革，将在两个月内领导起草新法案。12 月，议会通过杜达主持起草的有关最高法院和全国司法委员会的两项法案，杜达予以签署。根据法案，40%的最高法院法官和所有全国司法委员会成员将被撤换，全国司法委员会成员将由议会议员选举产生。

综观中东欧国家的政治发展，可以看出：一方面，选举和政权交接以及政府变动基本平稳进行，没有引发大规模社会动荡，表明民主制度在中东欧国家运转正常；另一方面，匈牙利和波兰继续"民主倒退"，民主制度面临不小的挑战。

匈牙利和波兰的"民主倒退"与国际金融危机和欧元区债务危机及其带来的经济衰退、难民危机、恐怖主义威胁、入盟后欧盟的约束力和驱动力下降、欧尔班·维克托和雅罗斯瓦夫·卡钦斯基的执政理念密切相关，也与中东欧国家民主制度运作时间不长、民主观念不够巩固有关。实际上，不仅匈牙利和波兰出现"民主倒退"，而且绝大多数中东欧国家的民主制度都有不同程度的退步，① 一些西巴尔干国家的民主制度更为脆弱，塞尔维亚出现进步党一党独大倾向②，马其顿在 2017 年社会民主联盟上台前近 11 年时间里由内部革命组织——争取马其顿民族统一民主党执政，黑山更是一直由社会主义者民主党执掌政权③，波黑仍处于国际社会保护之下，尚未实现政党的轮流执政。阿尔巴尼亚议会选举和塞尔维亚总统选举引发争议，马其顿议会选举后围绕政府组成爆发抗议活动。根据 2016 年 EIU 民主指数，西巴尔干国家中除塞尔维亚属有缺陷的民主国家外，阿尔巴尼亚、黑山、马其顿和波黑均为混合政权④。而捷克 "ANO2011" 党政府若能通过议会信任投票，是否会使捷克的国家权力更为集中，尚不得而知。

从更广阔的视野看，"民主倒退"并非匈牙利和波兰独有的现象，甚至也非中东欧国家特有的问题。从 2014 年民粹主义政党在欧洲议会选举中崛起到 2016 年特朗普当选美国总统和意大利修宪公投失败，再到荷兰自由党在 2017 年 3 月议会选举中名列第二、德国选择党和奥地利自由党分别在 2017 年 9 月和 10 月各自国家的议会选举中取得第三名的好成绩，都显示出民粹主义力量在欧美国家发展壮大，对民主制度构成挑战。

由此，匈牙利和波兰的"民主倒退"究竟是两国基于国内外形势做出的适合本国国情的选择，还是当前欧美民主国家出现的普遍现象呢？这是一个需要继续观察和思考的问题。

---

① 2016 年 EIU 民主指数显示，2006～2016 年，绝大多数中东欧国家的民主指数都有不同程度的下降。参见 EIU Democracy Index 2016，http：//www.eiu.com/Handlers/WhitepaperHandler.ashx？fi = Democracy – Index – 2016.pdf&mode = wp&campaignid = DemocracyIndex2016。

② 塞尔维亚进步党自 2012 年至今已连续三次在议会选举中获胜，是塞尔维亚的主要执政党，其主席武契奇 2014 年就任总理，2017 年当选总统。

③ 1990 年 12 月，黑山共产主义者联盟在黑山总统和议会选举中以绝对优势获胜。1991 年，黑山共产主义者联盟改名为黑山社会主义者民主党。自南斯拉夫联盟共和国建立到黑山独立，社会主义者民主党一直在黑山执政。

④ 参见 EIU Democracy Index 2016，http：//www.eiu.com/Handlers/WhitepaperHandler.ashx？fi = Democracy – Index – 2016.pdf&mode = wp&campaignid = DemocracyIndex2016。

二　中东欧国家与欧盟的关系

2017 年，中东欧国家与欧盟的关系似乎出现了相反的趋向。一方面，一些中东欧成员国与欧盟发生争议；另一方面，西巴尔干国家继续争取加入欧盟。

1. 一些中东欧成员国与欧盟发生争议

争议主要在四个问题上展开。

第一个是难民问题。

2017 年，波兰、捷克、匈牙利和斯洛伐克继续反对欧盟按照配额强制分摊移民。匈牙利阻止难民入境、反对难民配额的态度更为强硬。2 月，匈牙利决定在匈牙利和塞尔维亚边境修建第二道围墙①。3 月，宣布把移民危机状态延长半年②，并通过一揽子法律修正案，加强对非法移民的管制。

6 月，欧盟委员会针对波兰、匈牙利和捷克拒不履行接收配额内难民的义务，向三国发出"正式通知函"，启动违规程序。③ 7 月，作为违规程序的第二步，欧盟委员会向三国发送"有理由的意见"，要求三国在一个月内做出答复。欧盟委员会启动违规程序当日，波兰政府发言人和外交部部长均明确表示反对。8 月，匈牙利甚至因即将离任的荷兰驻匈牙利大使在批评匈牙利的难民政策时发表"侮辱性"言论，召回匈牙利驻荷兰大使并无限期中断与荷兰的大使级外交关系。

9 月，欧洲法院驳回 2015 年 12 月斯洛伐克和匈牙利提交的诉讼

---

① 2015 年 6 月，匈牙利决定在匈塞边境修建围墙。

② 2016 年 3 月，匈牙利宣布全国进入移民危机状态。

③ 匈牙利和波兰没有接收任何配额内的难民；捷克接收了 12 名难民；但在欧盟启动违规程序前宣布不再参与任何与难民接收相关的行动；斯洛伐克接收了 16 人，只比非官方门槛多 1 人，从而未被欧盟委员会启动违规程序。参见 Country Report Poland，August 2017，http：//www.eiu.com。

状，裁定欧盟按照配额强制分摊难民的方案合法。斯洛伐克虽对欧洲法院的裁决表示尊重，但仍坚持拒绝接受强制配额制的立场。匈牙利则认为欧洲法院的裁决理由不能令人信服，并再次将移民危机状态延长半年。

12 月，欧盟委员会决定就波兰、匈牙利、捷克拒绝难民配额向欧洲法院提出起诉。紧接着，维谢格拉德集团四国提出参加欧盟帮助利比亚加强海岸和陆地边界控制的工程，以阻止来自利比亚的难民，但抵制难民配额的立场并未改变，欧盟峰会也没能就难民配额体制常态化问题达成一致。

第二个是匈牙利和波兰内政问题。

7 月，欧盟委员会对匈牙利发起违规程序，反对其通过提高外国资助非政府组织透明度的法律，同时提出"有理由的意见"，要求匈牙利在 30 天内就欧盟对其《高等教育法修正草案》的异议做出答复。12 月，欧盟委员会就匈牙利通过《高等教育法修正草案》和提高外国资助非政府组织透明度的法律向欧洲法院提起诉讼。

也是在 7 月，欧盟委员会向波兰发出"正式通知函"，启动违规程序。欧盟委员会指责波兰《普通法院组织法》规定男女法官的不同退休年龄，违反欧盟有关条约的性别平等原则；赋予司法部部长任免普通法院院长的权力，是破坏法院的独立性。11 月，欧洲议会通过决议，要求针对波兰破坏法治的行为启动《欧洲联盟条约》第七条规定的程序。12 月，欧盟委员会以波兰司法改革严重违反法治原则为由，建议欧盟理事会启动《欧洲联盟条约》第七条。在欧盟委员会提出建议的当日，杜达下令签署有关最高法院和全国司法委员会的两项法案。

值得一提的是，由于《欧洲联盟条约》第七条规定，对某一成员国存在严重和持续违反尊重人类尊严、自由、民主、平等、法治，以及尊重人权（包括少数群体的权利）的价值观的认定需要获欧洲理事会一致同意①，而匈牙利已在欧盟委员会提出建议后第一时间宣布不同意欧委会对波兰施加任何形式的处罚，加之欧盟不可能在同一事项上同时对两个国家启动第七条规定的程序，该程序很有可能会无果而终。

此外，7 月，欧盟委员会还以波兰砍伐列入世界自然遗产名录的欧洲境内唯一一处真正意义上的原始森林——比亚沃韦扎原始森林、破坏森林生态环境为由，将波兰告到欧洲法院。11 月，欧洲法院警告波兰，如果不停止砍伐森林，将对其处以每日 10 万欧元的罚款。

第三个是"多速欧洲"问题。

3 月 1 日，欧盟委员会发布《欧洲的未来白皮书》，推出 2025 年欧盟的 5 种设想，其中"愿者多做"，允许有意愿的成员国在特定领域做得更多，即建设"多速欧洲"②。《欧洲的未来白皮书》发布次日，维谢格拉德集团四国发表联合声明，拒绝"多速欧洲"的概念。③ 随后，罗马尼亚总统约翰尼斯、总理格林代亚努和保加利亚副总统伊利亚娜·约托娃也表达了对"多速欧洲"的反对意见。鉴于上述中东欧成员国的明确反对，为维护欧盟内部团结，3 月 25 日，纪念《罗马条约》签署 60 周年欧盟特别峰会签署的《罗马宣言》没有直接提及"多速欧洲"的概念，只是微妙地表达了"多速欧洲"的想法："我们将在必要之处以不同的速度和强度共同行动，同时像过去所做的那样，根据《罗马条约》朝共同的方向前行并继续向以

---

① 参见《欧洲联盟基础条约——经〈里斯本条约〉修订》，程卫东、李靖堃译，社会科学文献出版社，2010，第 33、35 页。

② 其他 4 种设想分别为："延续""只有单一市场""少但高效""抱团做更多"。参见 European Commission, White Paper on the Future of Europe Reflections and scenarios for the EU27 by 2025, https://publications.europa.eu/en/publication - detail/ - / publication/ba81f70e - 2b10 - 11e7 - 9412 - 01aa75ed71a1/language - en? WT. mc_ id = Selectedpublications&WT. ria_ c = 677&WT. ria_ f = 647&WT. ria_ ev = search。

③ 参见黄平、周弘、程卫东主编《欧洲发展报告（2016 ~ 2017）》，社会科学文献出版社，2017，第 27 页。

后想要加入的国家敞开大门。我们的联盟是完整和不可分割的。"[1] 9月 13 日欧盟委员会主席容克发表的年度"盟情咨文"更是在《欧洲的未来白皮书》的 5 种设想之外，提出第 6 种设想：一个自由、平等和法治的价值观联盟，一个更团结、更强大、更民主的联盟[2]。但"多速欧洲"之争并未尘埃落定。9 月 20 日，波兰总理希德沃与保加利亚总理鲍里索夫呼吁欧盟国家应避免"多速"，谋求同速发展。9月 26 日，法国总统马克龙提出一系列重塑欧盟的建议，在经济方面主张"多速欧洲"，与德国携手在欧元区核心建立统一预算，设立欧元区财政部长职位。

第四个是双重质量标准问题。

2017 年以来，中东欧成员国纷纷指责在西欧和中东欧市场销售的产品，尤其是食品质量不一，违反欧盟单一市场规则，引起欧盟关注。3 月，在匈牙利、捷克、波兰和斯洛伐克力推下，欧盟春季峰会将意大利费列罗公司生产的能多益巧克力酱质量标准存在差异问题写进了会议公报。9 月，欧盟委员会主席容克在年度"盟情咨文"中更是把解决双重标准问题提到成员国平等的高度："在一个平等的联盟中，没有二等消费者。我不能接受在欧洲某些地方，在中东欧，人们买到的食品比其他国家质量低，尽管包装和品牌一样。"[3]

2. 西巴尔干国家继续争取加入欧盟

3 月，在西巴尔干地区峰会上，西巴尔干国家探讨了入盟和区域

---

① The Rome Declaration, 25/03/2017, http：//www. consilium. europa. eu/press－releases－pdf/2017/3/47244656633_ en. pdf.

② 参见 PRESIDENT JEAN－CLAUDE JUNCKER'S State of the Union Address 2017, Brussels, 13 September 2017, http：//europa. eu/rapid/press－release_ SPEECH－17－3165_ en. htm。

③ PRESIDENT JEAN－CLAUDE JUNCKER'S State of the Union Address 2017, Brussels, 13 September 2017, http：//europa. eu/rapid/press－release_ SPEECH－17－3165_ en. htm.

经济一体化等议题，声称要继续推进改革和加强合作，努力建立西巴尔干共同市场，以求尽快入盟。欧盟委员会负责睦邻与扩大事务的委员哈恩表示欧盟的大门永远向西巴尔干国家敞开，并鼓励各国按照欧盟标准，深化改革，争取早日入盟。7月，作为柏林进程的一部分，第4次欧盟－西巴尔干峰会在意大利的里雅斯特举行。峰会的重点是巴尔干地区一体化、签署交通共同体条约和建立区域经济区。欧盟再次强调关注西巴尔干国家，希望通过建立区域经济区消除非关税贸易壁垒、协调法律以吸引投资①。12月，西巴尔干国家领导人出席世界银行在保加利亚主办的高层论坛，讨论促进地区一体化和加入欧盟问题，哈恩也参加了论坛。

欧盟的中东欧成员国也支持西巴尔干国家入盟。2月，匈牙利总理欧尔班表示黑山尽快加入欧盟是公正合理的。6月，保加利亚总统鲁门·拉德夫声称，2018年保加利亚担任欧盟轮值主席国的首要目标之一是推动欧盟接纳西巴尔干国家。7月，维谢格拉德集团四国与奥地利、斯洛文尼亚和克罗地亚三国外长会晤，一致支持西巴尔干国家入盟。10月，在维谢格拉德集团和巴尔干地区部长级会晤与维谢格拉德集团四国元首峰会上，四国都重申了支持西巴尔干国家入盟的立场。但需要注意的是，某些中东欧成员国与西巴尔干国家的矛盾对后者的入盟产生不利影响。8月，克罗地亚大幅度提高来自非欧盟国家的水果和蔬菜的进口税，西巴尔干国家认为这损害了它们的利益，威胁要采取报复行动，并向欧盟委员会发出联名信，指责克罗地亚的举动违反它们与欧盟的《稳定与联系协议》。虽然克罗地亚随即放弃增税，但这一事件表明，克罗地亚有可能出于保护自身利益的需要，阻碍西巴尔干国家入盟。

2017年，西巴尔干国家入盟进展有限。黑山入盟谈判没有开启

---

① 参见 Country Report Montenegro, 2nd Quarter 2017, http：//www.eiu.com。

新的章节①；塞尔维亚分别在 2 月和 6 月开启了两个章节的谈判，2 月完成了一个章节的谈判②；马其顿入盟谈判的开启仍受阻于与希腊的国名争议，不过，8 月马其顿与保加利亚签署友好条约被哈恩和欧盟外交与安全政策高级代表莫盖里尼称为"对整个地区的鼓舞"③；阿尔巴尼亚继续进行司法改革，打击腐败和有组织犯罪，以期尽早开始入盟谈判；波黑尚未完成 2016 年 12 月欧盟发放的评估是否给予波黑候选国地位的问卷。

　　中东欧成员国的离心倾向与西巴尔干国家的向心倾向并不矛盾，二者均是出于对安全、主权和平等的执念。自 14 世纪中叶奥斯曼帝国入侵到 19 世纪末 20 世纪初相继获得独立，中东欧国家长达四五百年遭侵略、被奴役的历史使其异常珍视自己的安全、主权和平等，对外来的危险异常敏感，对外部势力的支配异常愤恨。中东欧成员国反对欧盟强制分摊难民是因为它们视难民为"威胁和潜在的敌人、'伊斯兰化'的代理人和'欧洲基督教传统面临的危险'"④，认为难民的到来将给本国乃至欧洲带来巨大的安全风险，而欧盟的强制做法侵犯了它们的主权；反对"多速欧洲"既是出于谋求平等地位、避免被边缘化的目的，又在一定程度上担心有意愿多做的成员国进一步推动欧盟朝联邦化方向发展，危及自己国家的主权；反对双重质量标准

---

① 黑山自 2012 年 6 月开始入盟谈判以来，共开启 35 个章节中的 26 章，完成了 2 章，参见 Montenegro – Overview of chapters opened/closed，https：//ec. europa. eu/neighbourhood – enlargement/sites/near/files/20170328 – negotiations – status – montenegro. pdf。

② 塞尔维亚自 2014 年 1 月开始入盟谈判以来，共开启 35 个章节中的 10 章，完成了 2 章，参见 Serbia Negotiations Status，https：//ec. europa. eu/neighbourhood – enlargement/sites/near/files/20160301 – serbia – state – of – play. pdf；Country Report Serbia，August 2017，http：//www. eiu. com。

③ 参见 Country Report Macedonia，3rd Quarter 2017，http：//www. eiu. com。

④ Giorgos Katsambekis，The Populist Surge in Post – Democratic Times：Theoretical and Political Challenges，The Political Quarterly，Volume 88 Issue 2 April – June 2017.

是为了不做欧盟内的"二等公民"；至于匈牙利和波兰的国内政策，更被两国看作内部事务，欧盟无权过问。与此同时，屡遭侵略的经历又使中东欧国家迫切需要寻求大国或大国集团的保护，借助外部力量求得生存和发展。在它们眼中，欧盟正是这样一种可以借助的外部力量，20多年来，欧盟也的确在引导和推动中东欧国家政治经济转型、在保障其安全和提高其国际地位方面发挥了重要作用。正因如此，西巴尔干国家一直把入盟作为外交政策的优先方向，中东欧成员国尽管与欧盟屡起争议，但从未言及脱离欧盟，并且一贯支持欧盟扩大和西巴尔干国家入盟。它们只是要在欧盟内部尽可能多地维护自身的安全、主权和平等，争取自身利益的最大化。不过，也正是由于维护自身利益的需要，某些中东欧成员国有可能在某个时候在某个或某几个西巴尔干国家入盟道路上设置障碍。

中东欧成员国的争议对欧盟决策有一定的影响，尤其当它们因某种共同利益而联合起来的时候。欧盟安置难民的强制配额制因匈牙利等中东欧成员国的反对执行不力，欧盟委员会对匈牙利和波兰启动的违规程序因两国的相互支持难以发挥作用，在产品质量标准和欧盟未来发展问题上欧盟也多少考虑了中东欧成员国的意见。但是，中东欧成员国并非在所有问题上都采取一致立场。即便在维谢格拉德集团中，四国的立场也不尽相同。相对于波兰和匈牙利与欧盟的激烈争议，斯洛伐克更强调加强与欧盟的团结，希望成为欧盟的核心国家，并与捷克和奥地利商讨建立三国合作的新体制。10月，欧洲议会通过建立欧洲检察院的报告，捷克和斯洛伐克表示愿意参加，波兰和匈牙利则不予支持。12月，斯洛伐克驻匈牙利大使拉斯提斯拉夫·卡采尔批评匈牙利在国内实行非自由民主主义和民粹主义政策，在国外反对欧盟。欧盟大国也试图分化中东欧成员国。8月，法国总统马克龙绕开波兰和匈牙利，先在奥地利与奥地利、捷克和斯洛伐克领导人会晤，接着访问了罗马尼亚和保加利亚。在此情况下，中东欧成员国将联合起来，在与欧盟的争议中争取自己的利益，进而影响欧盟的发展，还是在内部分歧和欧盟大国的分化下沦为欧盟的边缘，失去对欧盟的影响力，是一个需要继续观察和思考的问题。

西巴尔干国家入盟将使欧盟进一步扩大。但与之前入盟的中东欧国家相比，西巴尔干国家受困于自身政治经济问题和巴尔干地区错综复杂的国家、民族关系，更难以满足欧盟要求。而从欧盟来说，中东欧成员国的争议使其在接纳新成员时更为谨慎，英国"脱欧"又使欧盟扩大失去了一个重要支持者，特别是欧盟深陷重重危机，少有力量在西巴尔干国家入盟问题上采取切实措施，扩大进程放缓在所难免。西巴尔干国家入盟前景的削弱可能导致该地区局势紧张以及俄罗斯和土耳其在该地区影响力的增长，这是欧盟不愿意看到的。因此，欧盟尽管放慢扩大的步伐，但始终强调西巴尔干国家属于欧盟。在此情况下，西巴尔干国家何时能够加入欧盟，它们的入盟将对欧盟发展有何影响，也是一个需要继续观察和思考的问题。

三　中东欧国家与北约的关系

2017 年，中东欧国家与北约的关系进一步密切，突出表现在两个方面。

1. 黑山加入北约

4 月，黑山议会在反对党及其支持者的抵制和抗议中通过政府提交的关于黑山加入北约的法律草案①。6 月，北约正式接纳黑山为第 29 个成员，这是北约自 2009 年以来的首次东扩。

---

① 2006 年 12 月，北约正式接纳黑山加入北约"和平伙伴关系计划"。2009 年 12 月，北约同意黑山加入"成员国行动计划"。2015 年 12 月，北约外长会议正式批准启动黑山加入北约的谈判。2016 年 5 月，北约外长会议签署黑山加入北约协定，黑山入约进入批准程序。

2. 一些北约的中东欧成员国继续加强与北约和美国的军事合作

进入 2017 年以来，根据 2016 年 7 月北约华沙峰会的决定，以美国、德国、英国和加拿大军队为主的北约多国部队分别进驻波兰、立陶宛、爱沙尼亚和拉脱维亚，并全部处于"作战状态"。10 月，由 10 个北约国家军队组成的多国部队在罗马尼亚成立。北约还在 2 月决定增加在黑海地区的海、空军存在。

一些中东欧成员国与美国的军事合作也在加强。1 月，爱沙尼亚政府通过美国驻军防卫合作协定。2 月，立陶宛议会批准与美国的驻军防卫合作协定。4 月，罗马尼亚决定启动购买美国"爱国者"防空系统，并在 7 月获得美国国防部的同意。也是在 7 月，美国总统特朗普访问波兰期间，与波兰签署了向波兰出售"爱国者"防空导弹系统的备忘录。8 月，美军加强了波罗的海空中巡逻力量。11 月，美国国务院批准向波兰出售"爱国者"防空导弹系统，并通报国会，等待国会批准。

此外，中东欧成员国还多次参加北约举行的联合军演。如 4 月在爱沙尼亚举行的"锁定的盾牌 - 2017"大规模网络防御演习，5~6 月在希腊、保加利亚和罗马尼亚举行的"2017·高贵跳跃"联合军事演习，6 月在立陶宛举行的"铁狼 - 2017"多国军演，7 月在立陶宛举行的"马刀打击 - 2017"北约年度多国防空演习和在保加利亚、罗马尼亚和匈牙利举行的"军刀卫士 - 2017"北约多国军事演习，10 月在立陶宛举行的"铁狼 - 2017"第二次多国军演和 11 月在土耳其举行的"东地中海 - 2017"北约海上联合作战演习等。

对绝大多数中东欧国家[①]来说，北约和美国无疑是最重要的保护者，这是它们加入北约的原动力。黑山也不例外。黑山面积 1.38 万

① 中东欧 16 国中，已有 13 国加入北约。马其顿和波黑一直争取加入北约。唯有塞尔维亚，虽然与北约签订了"和平伙伴关系计划"，但由于北约 1999 年轰炸塞尔维亚和 2008 年支持科索沃独立伤害了塞尔维亚的利益和民族感情，尚没有加入北约的意愿。

平方公里，人口约 63 万①，现役军人只有 1950 名②。该国地小人稀，军事力量极为薄弱，尤其需要大国或大国集团的保护。因此，尽管国内分歧很大，黑山执政者仍执意加入北约。波黑和马其顿仍在争取北约成员资格。8 月，马其顿与保加利亚签署友好条约，或许对马其顿解决与希腊的国名争议是一个推动。同样，波罗的海三国、波兰和罗马尼亚在乌克兰危机爆发后尤为感到来自俄罗斯的威胁，更加迫切地需要北约和美国的安全保护，加大与它们的军事合作。

对北约来说，黑山虽然拥有亚得里亚海东岸的海岸线以及科托尔湾和巴尔港，有利于北约的军事部署，但毕竟国小势弱，其入约的象征意义大于实际作用。北约在时隔 8 年后的这次东扩表明其"门户开放"政策没有改变，这对仍在谋求加入北约的马其顿和波黑是一个积极的信号。实际上，2 月，北约秘书长斯托尔滕贝格在波黑会见波黑主席团轮值主席姆拉登·伊万尼奇后表示，只要波黑解决遗留军事设施问题，北约将立即启动波黑加入北约的"成员国行动计划"③。同月，美国副总统迈克·彭斯访问马其顿，也重申了对马其顿入约的支持，两国军队还在马其顿举行了为期 10 天的联合演练。更为重要的是，通过吸收黑山入约，北约再次表明俄罗斯在北约东扩问题上没有发言权，在乌克兰危机后俄罗斯与西方关系紧张并在西巴尔干扩大影响力的情况下，这无疑是对俄罗斯的打压。而加强与中东欧成员国的军事合作亦是加强集体防御、威慑俄罗斯的需要。

俄罗斯一贯反对中东欧国家加入北约，对与其有着传统友谊、地

①　参见《黑山国家概况》（最近更新时间：2017 年 2 月），http：//www.fmprc.gov.cn/web/gjhdq_ 676201/gj_ 676203/oz_ 678770/1206_ 679258/1206x0_ 679260/。

②　参见 Armed Forces of Montenegro，https：//en.wikipedia.org/wiki/Military _ of _ Montenegro。

③　2010 年 4 月，北约外长会议批准波黑有条件加入北约"成员国行动计划"，条件是波黑必须解决遗留军事设施问题。

缘政治和经济利益的黑山入约更是如此。早在黑山入约前，俄罗斯就一再指出，北约接纳黑山没有考虑黑山人民的利益，不利于欧洲稳定，并与美国在黑山入约问题上展开较量，相互指责对方干涉黑山内政。黑山入约后，俄罗斯表示北约东扩到黑山无益于北约和黑山的安全，反而再次分裂了欧洲，并声称保留实施应对措施捍卫自身利益和国家安全的权利。中东欧成员国与北约和美国军事合作的加强也每每引起俄罗斯的不满和反制，以致俄罗斯与北约和美国的军事对峙升级，中东欧国家的安全威胁加大。在这种情况下，一些北约的中东欧成员国与北约和美国的密切军事合作将成为常态。

当然，并非所有中东欧成员国都对俄罗斯持防范态度。匈牙利就对欧盟和美国制裁俄罗斯抱有异议，并致力于扩大与俄罗斯的经济合作①。2月和8月，俄罗斯总统普京两次访问匈牙利，与欧尔班探讨加强能源、工业等领域合作和促进贸易、投资等问题。3月，俄匈合作扩建匈牙利保克什核电站项目获欧盟批准，将于2018年1月开工。7月，匈牙利与俄罗斯签署了通过土耳其天然气管道向匈牙利供气的协议、匈牙利天然气管道发展路线图和俄罗斯向匈牙利长期供应天然气的备忘录。与此同时，匈牙利与美国则因美国对匈牙利内政的批评而渐生嫌隙。②

---

① 作为与欧盟争议最多的两个中东欧国家，匈牙利寻求扩大与俄罗斯合作，波兰则加强与美国和北约的军事关系，这也从一个侧面说明了中东欧国家对大国和/或大国集团支持和保护的需求。

② 围绕匈牙利议会通过《高等教育法修正草案》给中欧大学带来的困境，美国驻匈牙利大使馆临时代办戴维·克斯特兰西克表示，美国将继续支持中欧大学在匈牙利进行独立且不受阻碍的教育活动。美国国务院也一再强调，美国高等教育的管理权隶属各州，联邦政府无权与匈牙利签署条约，抨击《高等教育法修正草案》威胁学术独立和自由，要求匈牙利终止实施该草案。2017年10月，克斯特兰西克指责匈牙利政府压制新闻自由，匈牙利外交和对外经济部予以驳斥，认为他不了解情况，他的说法完全没有根据。11月，美国计划出资资助匈牙利乡村媒体，匈牙利外交和对外经济部召见克斯特兰西克，要求美国就政治干涉匈牙利事务做出解释。

还应指出的是，在中东欧国家与北约的关系中，北约和美国是主导。中东欧国家能否、何时加入北约，中东欧成员国与北约军事合作的程度如何主要取决于北约和美国的态度。11 月，包括中东欧国家在内的 23 个欧盟国家外交和国防部长达成在防务领域的"永久结构性合作"，开启欧洲防务合作的新篇章。12 月，欧盟国家举行开展防务领域"永久结构性合作"的启动仪式。欧盟防务合作的加强将对北约和美国与北约中东欧成员国合作产生何种影响，这又是一个需要继续观察和思考的问题。

通过 2017 年中东欧国家的政治发展、中东欧国家与欧盟和北约的关系，可以看出近年来中东欧国家的发展趋势：既坚持民主制度又出现"民主倒退"，既坚持欧洲－大西洋一体化又与欧盟发生争议。中东欧国家在"回归欧洲"① 的同时越来越注重本国的实际，强调本国的利益，因而在内外政策上越来越具有自己的特色。或许在相当长一段时间内这将成为中东欧国家的常态。

---

① 此处取"回归欧洲"的广义，即不仅指对外关系上与欧洲融为一体，而且指国内体制上与欧洲国家趋同。

中俄经济合作进入
新拐点、新机遇

马友君

马友君，毕业于哈尔滨师范大学历史系，1988 年赴苏联攻读博士学位，1994 年毕业。现任黑龙江社会科学院俄罗斯研究所所长，研究员，硕士生导师，《西伯利亚研究》副主编，教育部学位与研究生教育发展中心特聘通讯评议专家，黑龙江省俄罗斯东欧中亚学会副会长兼秘书长。长期致力于东北地区与俄罗斯远东地区对接与合作研究，特别关注俄罗斯远东开发问题。出版学术专著《俄罗斯远东地区开发研究》《俄罗斯对外贸易》；主持翻译《21 世纪初西伯利亚》；主持国家社科基金课题项目 1 项，主持和参与省级课题项目 10 项。

1991 年苏联解体，这为中俄经贸合作带来巨大的发展商机，两国的贸易实现跨越式发展。1991 年，两国的贸易额仅为 39.04 亿美元，到 2017 年底，两国的贸易额实现 800 亿美元，贸易额增长了近 20 倍。但 20 世纪 90 年代，中美贸易额 142 亿美元，至 2016 年底，两国的贸易额实现了 5785 亿美元，增长了近 40 倍。中俄贸易额总体规模和增长幅度远远低于中美贸易额增长幅度。中俄贸易额总体规模不大有多方面的原因，其中，贸易形式单一是制约两国经贸合作的重要因素。从历史发展的角度来看，单纯依靠贸易手段实现贸易额大幅度增长既不现实，也不能长远。近年来，在调整经济结构方面，两国都做出了巨大的努力，特别是围绕俄罗斯地缘政治出现了很多变数。因此中俄两国的合作出现了新的发展机遇，进入了新的拐点时期。

一 中俄经济合作进入拐点期判断依据

中俄经济合作进入拐点期是两国经济合作长期发展的必然结果。贸易合作是两国合作的重要方面，但绝非全部。随着俄罗斯在远东实施建立超前经济社会发展区和创新经济区战略，以及中国不断推进的工业化发展道路，两国的产业合作逐步发展成为合作的主流，到 21 世纪第三个十年，中俄将进入产业合作发展黄金时期。

1. 中俄经济合作是稳定政治合作的基础

自 1991 年以来，中俄政治合作不断深入，由战略合作伙伴上升到战略协作伙伴关系，进入历史最好时期。两国高层互访不断，两国领导人每年至少会晤 5 次以上，这对两国政治关系的发展至关重要。政治关系的不断深入为经济合作提供了保障，同时经贸合作发展也是稳定政治合作的基础。在重大的国际事务中，中俄两国能够相互依托，维护世界公平与正义。同时两国人民享受到两国稳步合作给两国人民带来的实实在在的利益。在俄罗斯受到以美国为首的西方国家不断打压的情况下，中俄间经济合作稳步发展。继亚马尔液化天然气一期项目成功运营之后，2018 年 1 月 1 日，中俄石油管道复线工程全面运营，俄罗斯石油占中国能源进口的比例不断上升，稳定了俄罗斯原油出口市场，这也是保障俄罗斯经济社会稳定发展的因素之一。

2. 俄罗斯远东开发战略的现实发展要求

俄罗斯开发远东并不是心血来潮，而是俄罗斯政府一贯的夙愿，也是俄罗斯重振大国雄风的关键，俄罗斯上下都深刻明白这个道理，只是由于种种客观条件，俄罗斯开发远东的规划迟迟无法落实。2010年普京签署的《俄罗斯远东与贝加尔地区2025年前社会经济发展战略》中，对远东大发展做了详尽的规划。在"交通、能源、信息通信和社会基础设施的现状和发展规划"中指出，在远东地区，铁路和公路主干网络的发展可以为经济发展创造有利条件，以便形成沿海、沿岸的港口工业区和沿阿穆尔河农业产业区和斯沃博德内斯基区、贝加尔-阿穆尔铁路沿线自然资源区、贝加尔湖旅游休闲区、布里亚特和外贝加尔工业区、布拉茨克-乌斯季伊利姆快速发展区、连斯克-安加尔斯克的贝加尔湖沿岸区。与此同时，将在远东地区形成符拉迪沃斯托克、哈巴罗夫斯克、阿穆尔河畔共青城、瓦尼诺-苏维埃港和伊尔库茨克城市圈。在"地方联邦交通基础设施的现状和发展规划"中指出，鉴于俄罗斯远东地域辽阔和经济发展水平不平衡，需要建设"西伯利亚大铁路、滨海1号、滨海2号、北方海运，以及其他将俄罗斯与亚太地区国家连接起来的交通线路"。

3. 两国区域合作不强难以支撑全面合作

中俄两国拥有4300多公里的边境线，沿线分布着20多个口岸。仅黑龙江省就有15个沿边口岸。长期以来，我国黑龙江沿边地区经济发展水平不高、经济落后、人口外流现象严重，俄罗斯远东地区情况也大致如此，因此两国的区域合作只是停留在买和卖的层面上，难有深入发展的潜力和可能。2016年，黑龙江省对俄贸易额为91.9亿美元，其中进口石油52.7亿美元，占黑龙江省对俄贸易额的57.3%。从贸易方式来看，进口贸易额74.9亿美元，占贸易总额的

81.5%。自 2015 年以来，中俄区域合作贸易方式上出现了重大的变化。在能源和原材料进口不变的前提下，我国各个口岸出口减少，进口增加，而且主要的进口商品原来都是由中国出口到俄罗斯的商品，如粮食及各种食品。从绥芬河进口的俄罗斯提拉米苏已经销往全国各地，每年的销售额近千万元。而沿边口岸从事向俄罗斯出口商品的商家纷纷撤离，口岸经济出现了极大的危机。口岸经济由盛到衰的原因是多方面的，但主要原因就是两国的合作形式过于单一，没有根据两国的形势变化适时调整贸易结构和方式。

4. 适时调整的制度化经贸合作机制

长期以来，中俄合作能够顺利发展与常态化的制度保障机制密切相关。为了加强两国的合作，中俄两国制定了不同形式的合作机制，既有国家间常态化会晤机制，如每年举办的总理会晤机制等，又有地方政府建立的地区合作机制，如沿边各省区与俄罗斯相关联邦主体间的合作机制，同时还建立了合作组织，如"中国东北和俄罗斯远东地方合作理事会"，参加理事会的主要都是中俄双方区域合作主管部门和相关单位，主要解决区域合作中存在的问题，探讨合作的新路径。中俄企业间也建立了与市场相适应的合作机制。如黑龙江省根据对俄形势的发展变化，相继成立了黑龙江对俄电力合作联盟、黑龙江对俄农业合作联盟、黑龙江对俄林业合作联盟和黑龙江对俄电商合作联盟等。这些机制的建立能够保证中俄合作根据市场的变化适时调整合作方式，有利于合作健康稳步发展。

二 中俄经济合作进入拐点期先决条件

对中俄经济合作适时进行调整是两国合作发展的客观要求，也是多年来两国经济合作稳步发展的基础。中俄两国经济合作的实践证明，适时调整贸易结构和方式有利于双方找到合适的发展路径，有利于两国合作健康稳步发展。

1. 两国出台国家政策支撑

两国一系列政策是支撑合作进入拐点期的先决条件。中国"一带一路"倡议与欧亚经济联盟相关政策出台，为两国区域合作带来了发展机遇，尤其是"一带一路"与欧亚经济联盟对接为中俄两国的区域合作发展带来了新的发展机遇。两国正在努力实现两国领导人确立的 2020 年实现 2000 亿美元贸易额的目标，中国已成为俄罗斯第一大贸易伙伴。中俄经贸合作的巨大潜力日益显现，两国互利共赢的明天将更加美好，也必将为世界的经济发展带来新的活力。中俄全面战略协作伙伴关系不断深化，得到了两国政府、企业和民众的广泛支持，中俄双边关系已跨入有史以来基础最牢、互信最高、影响最大的良性互动时期，呈现引人瞩目的蓬勃朝气和巨大的发展潜力。

2. 两国区域合作政策支撑

苏联解体以来，中俄两国经济关系得到了全面的发展，但两国的区域合作程度还很低，地方合作远远落后国家间的合作，特别是地方缺少大项目合作的支撑。从中俄经济合作发展的历史来看，只有发展区域合作才能支撑中俄经济合作健康发展，只有国家项目而地方项目发展缓慢不利于两国经济合作。中俄两国在发展经济合作的同时，还应该继续发展科技、人文等领域的全面合作，进而推动中俄整体合作的发展①。1997 年 11 月，中俄两国签署了《关于中俄地方政府间合作原则协定》。根据协定双方各列出 10 个省、自治区和州，建立友好合作关系。到目前为止，中俄间已经有 68 对省市、自治区与俄罗斯各联邦主体、州、区建立了友好合作关系，其中东北地区建立的友好州、友好城市占全国的 50%。两国为发展区域合作都制定了详尽

① 戚文海：《后金融危机时期中俄地区合作协调推进工作机制的建立》，《俄罗斯中亚东欧市场》2010 年第 10 期。

的发展规划，如中国 2007 年出台的东北振兴规划和国家为了支持东北而实施的中蒙俄经济走廊规划。俄罗斯自 2015 年以来，也相继出台了远东超前区和符拉迪沃斯托克自由港政策，这些政策的出台对于适时调整贸易合作方式提供了难得的发展机遇。

3. 地缘政治有利于加强区域合作

自乌克兰危机以来，俄罗斯面对欧美国家的压力，经济发展受到很大限制，而且在短期内没有看到制裁改变的可能。因此"向东看"不仅是俄罗斯既定国策，也是未来俄罗斯重拾大国梦的重要依托。东北亚地区正逐渐成为世界经济发展中心，贸易额占世界贸易额 60% 以上。2016 年中国与东北亚地区五国贸易额合计约 6059 亿美元，占中国整体对外贸易额的 16.4%。而 2016 年俄罗斯对外贸易总额仅为 4712 亿美元，仅是中国与东北亚国家贸易额的 70% 多。东北亚国家又是世界经济发展最快的地区之一，加强与中日韩等东北亚国家的合作，是俄罗斯振兴远东地区并扩大贸易规模的重要举措。

4. 双方合作态度转变有利于实现合作升级

俄罗斯投资环境不佳一直是各国投资俄罗斯难以逾越的障碍，也是远东吸引外资不足的原因之一。俄远东联邦区与俄中央联邦区相比，吸引外资额仅占 14.7%。但 2016 年，远东吸引外资额在全俄处于第三位。在远东联邦区中，萨哈林州吸引外资额度最大，占远东吸引外资额的 71.5%，高出第二位的萨哈（雅库特）共和国 69.48 亿美元。从 2011～2016 年吸引外资情况可以看出，整个俄罗斯吸引外资呈下降趋势，6 年间下降了 41.4%，下降的幅度很大。只有西伯利亚联邦区和远东联邦区呈上升趋势，其中西伯利亚联邦区 6 年间增长了 1.4 倍，基本上与远东联邦区增长的速度持平。但远东联邦区吸引外资总额是西伯利亚联邦区的 1.6 倍。远东联邦区除了堪察加自治区、阿穆尔州、马加丹州、犹太自治州和楚科奇自治区外资额下降外，其他主体都有不同程度的增长，其中增幅最大的就是萨哈（雅库特）共和国，6 年间增长了 1.9 倍。

近年来，俄罗斯远东地区对外合作的愿望进一步加强，招商的力度也逐渐加大，合作态度也由被动变主动。2017 年在哈尔滨举办中俄博览会期间，仅滨海边疆区就拿出 20 多个项目对外招商，涉及农业、能源、矿产及教育和环保等方面，提出的口号就是"只要肯投资，一切都可以谈"，无论税收减免问题，抑或劳务许可问题都可以谈。这说明俄方在远东开发上心情迫切。其他联邦主体也表现出急于吸引外资的态度。在中俄合作方面，一般都是中方积极、俄方被动。现在是中方积极，俄方也在积极运作。黑河市政府组织相关专家提出中俄共建跨境产业合作区，得到了俄方积极回应。

三　中俄经济合作进入拐点期路径选择

中国"一带一路"倡议的提出以及中俄两国领导人达成的"一带一路"与欧亚经济联盟对接等重大的战略决策，为两国合作进入转折期提供了难得的机遇，也使中俄间合作向更加务实、更加高效方面发展。

1. 实施贸易与产业发展并重，适度向产业合作倾斜

中俄两国经贸合作一直以贸易为主。2017 年前 10 个月，黑龙江省对俄贸易额 90.1 亿美元，其中一般贸易额 59.3 亿美元，而加工贸易额仅为 2.1 亿美元，出口加工额就只有 1080 万美元，而且呈连年下降的趋势。前 10 个月下降了近 27%。未来中俄两国合作，在大力发展对俄贸易的同时，应不失时机地向产业合作转移，实现贸易产业共同发展。2018～2020 年，随着黑河大桥和同江大桥即将建成通车，中俄界江 300 年无桥的历史将彻底改变，两国的合作形势也将发生重大变化。两国规划设立的黑河大桥桥头经济区和同江大桥哈鱼岛桥头经济区也将相继建成，以产业合作为主题的桥头经

济区将成为两国沿边地区产业合作试点区域。同时自 2009 年至今，黑龙江省利用国家"走出去"战略，已经在俄罗斯建设了 18 个境外园区，涉及贸易、农业、林业加工、机电合作、矿产开发及物流合作等方方面面。这些园区的建立和发挥作用，无疑对促进中俄两国产业合作具有巨大的推动作用。

2. 扩大对俄投资规模和领域，推动产业合作健康发展

与其他国家相比，中国对俄罗斯投资一直没有进入俄罗斯吸引外资的前 10 名国家。截至 2016 年底，中国对俄罗斯投资额累计为 330 亿美元。即使在远东地区，中国对俄投资也处于日本和韩国之后。中国对俄罗斯投资不足严重影响了中俄间产业合作，尤其是能源和资源类的产业合作。近年来，受到西方的金融制裁，俄罗斯吸引外资的渠道有限，这就为两国的投资合作提供了极大的商机。亚马尔项目的成功运作就是两国投资合作最好的证明。这是我国提出"一带一路"倡议后，在俄罗斯实施的最大的投资项目，也是全球最大的北极 LNG（液化天然气）项目。在该项目中，中国企业承揽了全部模块建设的 85%，中国向俄罗斯提供了价值 120 亿美元的贷款，中国丝路基金也出资 14 亿美元收购了该项目 9.9% 的股份。作为中俄在北极圈合作的首个全产业链合作项目，亚马尔项目成为"冰上丝绸之路"的重要支点。这不仅将带动俄罗斯能源产业和边疆地区发展，还能够丰富我国清洁能源供应，加快推进我国能源结构的优化。对中国海外能源合作、提升中国在世界能源市场话语权具有重要意义。

3. 壮大对俄产业合作主体，推动两国大项目有序发展

长期以来，对俄合作主体主要是以中小企业为主，占中国对俄合作主体的 95% 以上。国有大型企业的缺位对于提升两国的贸易规模和水平产生了较大的影响，尤其在产业合作方面，个体私营企业在资金和技术方面都严重不足，更主要是这些企业都存在急功近利的思想，没有长远打算。个体私营企业主要从事餐饮、林木加工和农业开发等项目，由于规模小、科技含量低，难以形成规模化生产，导致对俄产业合作陷入企业多、效益低、场面大、规模小的怪圈。此种现象也遭到了俄罗斯有关方面的诟病。未来中俄产业合作要积极引导国企和央企参与，开展诸如亚马尔天然气项目合作，使两国产业合作真正实现历史性的突破，造福两国人民。

4. 发挥沿边中小企业的作用，实施金融支持政策

中俄中小企业是两国产业合作的基础，虽然存在很多问题。鉴于中俄产业合作的现状，国企和央企的介入是市场行为，政府不应该干预过多。在现有的条件下，对中小企业在管理和支持上给予一定的倾斜，一方面对相同的企业进行规范管理，防止出现恶性竞争现象，如建立行业联盟，如黑龙江省实施的林业、机电及农业合作联盟；另一方面在资金使用和风险保障方面给予政策倾斜，争取把中小企业育大做强。沿边地区对俄产业合作既有合作基础，也有合作意愿，是中俄产业合作优先发展的地区。在 2014 ~ 2016 年国务院支持东北振兴规划的意见中，多次提出在有条件的沿边地区开展产业合作内容，"支持省（区）毗邻地区探索合作新模式，鼓励开展协同创新，规划建设产业合作园区"。

5. 以冰雪为主题开展国际合作，打造对外开放的冰雪产业

中国是冰雪产业大国，但不是冰雪产业强国。对于长期以来以农业为主的发展中国家而言，发展冰雪产业还是一个新兴的事物，无论发展方式还是发展理念，都需要有一个全新的改变，把冰雪确立为发展经济的支柱产业，还需要做出极大的努力。2015 年习近平主席视察黑龙江省时提出，要把冰山雪山变成金山银山。2017年底，中俄两国领导人确定了发展"冰上丝绸之路"的理念，对于两国未来以冰雪为主题的合作提供了良好的发展契机。普京在 2017 年 5 月参加"一带一路"国际合作高峰论坛期间就明确指出："希望中国能利用北极航道",把北极航道同"一带一路"连接起来。7月4日,习近平主席在莫斯科访问期间也正式提出了"要开展北极航道合作,共同打造'冰上丝绸之路'"。2022年,北京和张家口将举办第24届冬奥会,也为两国冰雪产业合作提供了难得的发展机遇。

哈萨克斯坦 2017 年形势

丁晓星

丁晓星，博士，现任中国现代国际关系研究院中亚研究室主任，研究员。毕业于西安外国语大学俄语系，1998～2000 年在莫斯科大学攻读硕士，2010 年获中国现代国际关系研究院博士学位。长期从事中亚地区、大国在中亚、中国与中亚国家、上海合作组织和丝绸之路经济带等问题研究。出版著作《苏东剧变之后》（合著）、《中国周边国家与国际组织》（合著）等，在《现代国际关系》《国际资料信息》《世界知识》《瞭望》等期刊上发表过多篇学术论文和评论文章。

党的十九大之后，中国人民在实现"中国梦"的道路上砥砺前行。哈萨克斯坦也有"哈萨克斯坦之梦"，这个梦想就是纳扎尔巴耶夫总统在 2012 年底提出来的"2050 战略"，战略的总目标是到 2050 年哈萨克斯坦进入世界前 30 强，实现国家的现代化。对于哈萨克斯坦这样一个独立 20 多年、人口只有 1800 万的国家来讲，这的确是一个雄心勃勃的计划。总目标之下还有一些具体目标，如劳动生产率增长 4 倍，非原料出口要占到总出口的 70%，中小企业产值占到 GPD 的 50%，平均寿命提高至 80 岁以上，对科技的投入不低于 GPD 的 3%，等等。"2050 战略"分两步实施，第一阶段到 2030 年，第二阶段到 2050 年。

"2050 战略"提出之后，哈萨克斯坦近几年的工作主要围绕如何落实"2050 战略"展开。但战略提出伊始，就遭遇乌克兰危机和国际油价大跌，导致哈萨克斯坦经济出现了一些困难。纳扎尔巴耶夫认为哈萨克斯坦面临四大挑战，他对形势有着相当清醒的认识。

一是全球经济危机已经波及哈所有出口商品，包括能源、矿产和粮食，严重影响哈出口创汇。二是哈萨克斯坦主要贸易伙伴的经济增速都有所放缓，包括中国、俄罗斯。三是依靠石油出口获取巨额收入的时代可能一去不返。四是大国竞争、相互制裁、地区动荡都影响哈经济发展。他强调，在危机面前，只有"积极进取、锐意改革的民族才会胜利"。

为推动落实"2050 战略"，纳扎尔巴耶夫总统在 2014 年 11 月在国情咨文中提出"光明大道"新经济政策，以基础设施为引擎，每年投入 30 亿美元，带动哈经济发展，以及公路、铁路、港口、机场的建设。2015 年 3 月又提出了"五大机制改革"与"百步计划"，主要内容是推动国家机构改革、司法改革、经济改革，促进民族团结和社会稳定，建立透明政府。

2017 年，哈萨克斯坦政府的工作重点同样是围绕落实"2050 战略"展开，有以下重要举措。

第一，提出了"第三次现代化"。纳扎尔巴耶夫总统指出，哈萨克斯坦的第一次现代化是独立后到 1997 年，建立了新国家。第二次现代化从 1997 年开始，哈建设了新首都，实现了"2030 战略"，进入了世界 50 强。第三次现代化是"通向未来之路"，需要找到新的经济增长模式，以实现"2050 战略"。

第三次现代化有五大重点：一是数字技术上的工业现代化，提高劳动生产率，重点发展工业、采矿业、农业、交通物流、建筑业；二是从根本上改善营商环境，减少行政审批，国有经济的比例要下降到 15%；三是稳定宏观经济形势，控制通胀、减少赤字、加强金融稳定；四是提高人口素质，完善教育、医疗、社会等社会保障；五是机制改革、安全与反腐。

2017 年哈萨克斯坦的经济形势有所好转，全年经济增长有望超过 4%，进出口增长 26%，2016 年仅仅增长了 1%。经济形势好转与油价上涨有关，也得益于哈政府的反危机计划。一年来国家工业化取得了一定进展，一大批工业企业建成投产，基础设施建设有所突破，"欧洲西部－中国西部"高速公路哈境内段全面竣工，全长 2800 多公里。2018 年 1 月将正式启动阿斯塔纳国际金融中心，该金融中心将设在世博园内，园内实行英国的法律，通用语言为英语。

第二，推动宪法改革。2017 年 1 月 25 日，纳扎尔巴耶夫发表了《告公民书》，提出要进行宪法改革，目的是建立更加均衡的权力架构，总统向政府和议会移交 40 多项权力，由议会多数派来组成政府。总统负责国防、强力部门、外交等事务，同时是"总协调者"。纳扎尔巴耶夫推动宪法改革是在为未来的权力交接做准备，力图形成一种制衡的机制。但是宪法改革并不意味着哈萨克斯坦要转向议会制，哈仍然是总统制国家。在权力交接的问题上，与乌兹别克斯坦相比，哈萨克斯坦的难度可能会稍大一些，因为整个权力体系均面临变化。

第三，提出"社会意识现代化"。2017 年 4 月 12 日，纳扎尔巴耶夫发表实现社会意识现代化的文章，他指出，哈萨克斯坦已经

"进入新的历史周期",社会意识现代化"不仅仅是政治和经济现代化的补充,而且是现代化的核心"。他特别强调"抱残守缺跟不上新时代,必须改变自己"。现代化意识的核心内容是:有竞争力、实用主义、民族特性、崇尚知识、循序渐进、开放性。纳扎尔巴耶夫之所以如此强调社会意识现代化,实际上与中国改革开放之初所强调的"解放思想"有类似之处,纳扎尔巴耶夫总统作为一个具有全球战略眼光的领导人,他看到了时代变化的趋势,认为哈萨克斯坦的社会意识中还有一些跟不上时代的落后思想,他希望人们能"改变自己、转变思想",从而更好地落实各项改革举措。

第四,推动文字改革。2017 年 10 月 26 日,纳扎尔巴耶夫总统签署有关文字改革的总统令。2018 年开始培训老师,出版中学的教科书,到 2025 年全部出版物将使用拉丁字母。文字改革是具有历史性意义的改革。纳扎尔巴耶夫总统强调,当前全球 80% 以上的信息是拉丁字母的文字信息,哈通过文字改革,将逐步摆脱俄语的影响,与世界接轨。

第五,奉行积极进取的外交政策。2017 年,哈萨克斯坦在外交上的成果不断,国际地位大幅上升,主要有四件事。第一件事是成功举办了世博会,主题是未来能源,共有 400 万人参观了世博会,包括大量的外国参观者,引起了全球的广泛兴趣。第二件事是举办了上海合作组织首脑峰会。2017 年 6 月中旬,在阿斯塔纳成功举办了上合组织首脑峰会,在此次峰会上,印度、巴基斯坦正式加入了上合组织,上合组织实现首次扩员,正式成员国由六个变为八个,国际影响力大幅提升。第三件事也是让哈萨克斯坦非常引以为豪,就是哈担任了联合国非常任理事国,这是中亚第一个进入安理会的国家。到现在为止,全球仍然有 60 多个国家从来没有担任过联合国非常任理事国,哈萨克斯坦在安理会积极工作,提出了许多关于中亚地区的倡议。2018 年 1 月开始,哈将担任一个月的安理会轮值主席国，负责召集会议，纳扎尔巴耶夫对此高度重视，可能要亲自赴纽约，主持仪式。第四件事就是"阿斯塔纳进程"，即调解叙利亚问题的会议。2017年共进行了8轮谈判，对叙利亚和谈进程发挥了重要作用。

2017年，中哈关系继续保持高位运行，各领域合作不断深化。5月中旬，纳扎尔巴耶夫总统来华出席"一带一路"国际合作高峰论坛，与习近平主席就对接合作深入交换意见，并对下一步的合作进行部署。6月中旬，习主席访问哈萨克斯坦，两国领导人的密集会晤，极大地推动中哈全方位合作加速发展。

中哈务实合作成果丰硕。在基础设施领域，哈萨克斯坦位于欧亚大陆中心地带，地理位置重要。哈提出建设欧亚大陆"物流中心"设想，到2020年要将集装箱过境运输提高6倍，至200万个集装箱，过境运输收入增加4倍，到40亿美元。近年来，经哈过境的中欧班列呈井喷式增长，2017年开行了3270列，其中70%过境哈萨克斯坦。2017年2月，一列装载720吨小麦的火车从哈萨克斯坦出发，经阿拉山口到达连云港，哈通过该物流通道实现向东南亚出口，相当于哈萨克斯坦获得了通往亚太地区的出海口，具有里程碑意义。在制造业方面，中哈之间达成总额260多亿美元的50多个产能合作项目。为保障项目顺利落实，中哈专门成立了产能合作基金。阿拉木图市大口径钢管厂、科斯塔奈州江淮汽车组装企业、阿斯塔纳市首条城市轻轨、巴甫洛达尔州聚丙烯生产厂、南哈萨克斯坦州特炼厂、北哈萨克斯坦州农产品加工企业等一批项目已启动建设，将进一步促进哈工业化和经济多元化。纳扎尔巴耶夫在"第三次现代化"咨文中，特别提到了江淮电动汽车项目，强调落实中哈产能合作项目对促进哈经济现代化的重要性。在农业领域，哈土地资源丰富，农业发展潜力巨大，近年来农业始终保持增长势头。纳扎尔巴耶夫强调，哈萨克斯坦力图把农业打造为哈"新的经济品牌"。哈瞄准中国巨大的农产品市场，力图扩大对华农产品出口。中国已扩大对哈小麦、蜂蜜、奶制品、牛羊肉等农产品的进口，哈农产品已经摆上中国老百姓的餐桌。为进一步扩大农业合作，中哈两国的海关、质检部门已签署海关与质检协议，为农产品贸易提供便利。

中哈两国都面临促进经济发展、推动社会进步、实现民族复兴的伟大任务，两国完全可以进行更紧密的战略对接，全面加强各领域的务实合作，实现共同发展，造福两国人民，共筑中哈"命运共同体"。

"一带一路"建设与高校
俄语人才的培养

宁　琦

宁琦，北京大学外国语学院院长，教授，博士生导师；中俄教育合作分委会之中俄语言教学、学生学者交流和科技合作联合工作组语言教学合作领域中方专家；中国俄罗斯东欧中亚学会常务理事，中国俄罗斯东欧中亚学会俄语教学研究会秘书长；《中国俄语教学》杂志副主编。主要研究方向为俄语语言学，涉及俄语语言学理论研究、传统句法学、篇章语言学、功能语言学等领域，同时关注俄罗斯问题研究及外语学科建设与人才培养。

一　前言

建设"一带一路"，这是对中国和世界具有深远影响的重大战略性构想，高校是培养符合国家战略需求人才、产出服务国家战略需求思想和成果的重要基地，面对当前"一带一路"倡议的实施，高校教育目标必须与国家需要保持高度一致。

"一带一路"涉及包括中国在内的 65 个国家，所使用的国语及官方语言共 79 种，除去多国拥有同一官方语言的情况，实际使用 57 种官方语言和通用语言。据不完全统计，其中以俄语为官方语言或通用语言的有俄罗斯、白俄罗斯、哈萨克斯坦、吉尔吉斯斯坦，可以通过俄语进行有效沟通与交流的国家，除上述四个国家外，还包括乌克兰、中亚其他国家、高加索三国、波罗的海三国。此外，还有蒙古国、以色列，在以色列 20 岁以上的居民中有 15% 的人的母语是俄语。东欧一些国家也有相当数量的居民（大多为 50 岁以上的居民）懂得俄语。尽管他们从心理上会排斥俄语，不愿意讲俄语，但当不能用母语进行交流且没有其他语言可以充当交流媒介时，俄语就会充当一个很重要的外语工具。

中国与俄罗斯的关系是全面战略协作伙伴关系。这种定位在中国对外伙伴关系中是独一无二的，协作本身高于合作，意味双方有更多的默契，协调一致，互相帮衬，互为支撑。而中俄战略协作意味着，两国除一般性合作之外，还涉及政治、经济、军事、科技、能源等各个领域的全方位、长期性、深层次协作，以及在全球和地区事务中的战略协作。面对这样的中俄大国关系，中俄两国都需要一支相当可观的人才队伍来支撑两国关系发展，以满足各领域深入协作的需要。

加强中俄人文交流与合作，将有利于推动中俄资源共享和智力支持。而在中俄人文交往的人才培养和成果产出方面，中国高校的俄语专业始终发挥着不可替代的作用。在当前中俄人文合作与交流进入更深层次的背景之下，高校俄语专业除发挥既有的人才培养、科学研究的优势之外，也必须思考如何顺应时代发展和国家需要，确立或调整学科发展重点，探索符合国家发展和长远利益需要的人才培养模式和科学研究课题，为中国俄语教育与研究赢得新的发展机会。

此外，借助俄语推动中国和"一带一路"覆盖的俄语国家间的思想与文化的交流，促进不同文化间的多维沟通与交融，将有助于提升与俄语国家的命运共同体意识。不言而喻，助推"一带一路"倡议的顺利实施，更好地帮助中国加强与沿线国家、与上合组织成员国之间的交流与合作，成为高校俄语专业发展的重要机遇。

二　中国俄语教育现状

面对中俄的大国关系，中俄两国都需要一支相当可观的人才队伍。很多人都非常关心中国俄语教育的状况。根据中国俄语教学研究会的相关调查，中国俄语人才的培养状况，与我们当前中俄关系发展的需要、中国和中亚国家关系发展的需要，以及中国在国际与区域组织中发挥作用的需要，无论在质的方面还是在量的方面，都不是成正比的，至少并没有我们所期待的快速发展。这是我们非常不愿意看到的。

高校俄语教育应该是俄语人才培养中最为重要的环节，如果没有充足数量的掌握俄语的人才，其他诸如交流与研究等都将是无水之源、无本之木。然而，今天，无论是范围还是规模，都还与我们的实际需要有着很大的距离。无法适应国内建设需要，特别是无法满足中俄之间、中国和俄语国家之间国际合作与交流的需要。

1. 学习俄语的队伍规模较小，俄语在中国的发展从开初到今天都是一种失常状态

俄语在中国的发展，无论其初始的发展，比方说 20 世纪 50 年代的发展，还是当前的发展，都处于一种失常的状态。前面的发展是不正常的膨胀，现在的发展是不正常的缓慢。

目前，据不完全统计，我国开设俄语专业的高校有 159 所，其中开设本科专业的高校有 153 所，另有 6 所高校仅开设硕士专业，从业教师（包括教授、副教授、讲师、助教）总共近 1600 人，在校学生近 2.6 万人；最近的数据表明，开设公共俄语教学的高校有 400 余所，而之前几年只有 100 多所，听起来似乎很乐观，但实际上选修俄语作为第二外语的学生目前大约只有近 2 万人，有的人是从零开始，有的人是在中学学过一点俄语。

此外，中学开设俄语课程的学校主要集中在黑龙江，大约有 50 所初、高中，其他省份还有山东、河南、河北、新疆等，全国范围内有近 120 余所初、高中开设俄语课程，学习人数为 2.3 万余人。由于师资状况并不理想，中学提供给学生的俄语教育不足以支撑高校俄语专业的人才培养，有时甚至会增加培养成本，致使大部分高校的俄语专业不招收中学学习过俄语的学生，大学几乎都是从零起点开始培养专业俄语人才。

仅就规模而言，与我们的预想相差很远，和我们的需求相比相差得更远。这为我们未来的发展既留出了空间，也增加了非常大的压力。

2. 俄语人才培养定位和方向单一

目前在中国高校，俄语人才培养集中在俄语语言文学二级学科，主要有两个人才培养方向：交流工具型语言人才和综合人文型语言人才。人才培养方向非常单一。交流工具型人才主要来自专业类外语大学，综合人文型人才多来自综合性大学的外语专业。这与不同类型大学的传统和学科定位紧密相关。

传统上的专业性外语院校，因为学科相对单一，对教师团队的教学要求非常高，学生专业训练时间较为充裕，使学生能够熟练掌握语言技能和语言专业知识，但同时在人文社科等知识领域拓展和思考研究能力培养方面会相对有所欠缺。身处综合性大学的外语院系，会受到大学整体氛围的影响，以及大学自有的多学科资源的支撑，教师团队又素有研究传统和要求，学生有机会接触多学科的思想和学者，相对综合素质强、知识面宽、研究能力强，却也因而挤占了语言技能训练和专业知识学习的时间和精力，所反映出来的语言知识和口语实践能力就有可能显得较为薄弱。

从中国长期的外语学科教育和研究实践来看，专业性外语院校和综合性大学外语院系在人才培养和教师团队建设方面走出了不同的发展道路，无形之间已形成不同的人才培养目标、方式和经验，形成不同的教师队伍条件、结构和评价标准。各个综合性大学，因为前身、历史的不同，在综合素质体现方面所给予学生的培养也是千差万别，重工、重理、重文、重医、重教育等各有不同。

综合整个俄语学科的发展特点，专业性外语院校注重语言实践能力，注重教学，不太重视研究；综合性大学的俄语专业更为注重人文素质的培养，教学偏重理论，研究能力强。虽互有补益，却都难以突破俄语语言文学学科人才培养的局限，从应用的角度看，不能看作非常成功的俄语人才培养模式。

3. 涉俄研究的领域狭窄

传统涉俄研究领域，成绩最为突出的是俄罗斯语言文学研究。俄苏文学成果对中国曾经产生十分深远的影响，一度引导了整个中国的阅读习惯和精神生活。前一段时间，网上流传过习近平总书记读过的书单，他在很多场合如数家珍地谈起年轻时代阅读过的很多俄苏作家作品，毫不讳言这些作家和作品对他的深刻影响。首师大刘文飞教授为此还编著过一本书，名为《俄罗斯文学读本——习近平总书记熟读的俄罗斯文学经典》，足以证明俄苏文学对现当代中国人的精神成长产生的不可替代的重要作用。但是，需要指出的是，对俄苏文学的研究成就并不意味着我们对俄罗斯已经有足够的了解，尚不足以支撑和妥善处理今天所面对的中俄之间的很多问题。

第二个涉俄研究领域，是俄罗斯的历史与社会政治经济研究、苏共党史研究、中俄关系研究等。这一领域集中了中国主要的苏俄研究队伍，大多数研究者的学历背景是俄语语言文学专业，毕业之后因为所从事的工作之需，逐渐开始借助语言获取、分析第一手研究资料的优势，成为俄语语言文学领域之外的其他领域的研究者。接下来的领域，诸如俄罗斯法律、俄罗斯思想等，研究人员的水平参差不齐，而且人员数量有限，依研究者能力和兴趣散点分布，研究无法形成体系。至于自然科学领域、高科技领域，对我们而言更是有心无力的领域。这一状况的形成，与我们自身的视野局限、社会的浮躁和急功近利氛围不无关系。

三 国家战略需要的中国高校俄语教育

随着中国的发展，中国在国际舞台上发挥着越来越重要的作用。与此同时，多极世界关系格局也使中国和俄罗斯、中国与世界的关系处于前所未有的状态之中，中国与独联体、中亚和东欧等区域的国家间往来也越来越密切和频繁，这之中有不少国家可以以俄语作为媒介进行沟通与交往，能够暂时缓解中国缺乏相关国别语言人才的压力，因此产生了对俄语人才越来越旺盛的需求，同时也对俄语人才产生了越来越高的要求。

在原有高校俄语人才培养的基础之上，对俄语人才的需求产生三个方向：一个是新型俄语服务人才，包括口译、笔译人才；二是语言文化研究创新人才，包括了解"一带一路"沿线国家语言和国情的人才，以及专门领域的俄语人才；三是将俄语作为媒介语言，快速培养俄语国家的国别语言人才和国别研究人才。

1. 新型俄语服务人才培养模式的探索

目前应运而生的俄语 MTI 专业硕士培养，其实就是语言人才应急培养体系的代表，它主要就是以培养胜任不同领域和主题、不同题材和体裁、与口笔译相关的各类跨文化交流工作的高层次、应用型、专业化的语言服务人才为目标。当前，MTI 专业硕士培养落户于高校，主要是为了能够以高标准选拔到更好的、更有潜质的培养对象，以确保应急人才能够真正应急，无论是学制时长、教学方法手段，还是考核评价标准，均与高校之前的俄语语言文学人才培养有着十分明显的区别。MTI 教育学制短，注重实践和技能，有专门的训练方法和辅助工具，考核亦以实践能力和就业能力作为重要侧重点，注重产学研一体化。高校传统的俄语语言文学人才培养学制长、注重理论和知识面，尽管也会有"口笔译"一类的课程，但比重较小，考核侧重点是其研究和理论能力，且少有与其他学科的交叉融合。

2. 专业类外语大学多在"多语种＋"模式方面做出探索

为了开拓传统俄语国家研究，以俄语为媒介进行国别语言人才培养和储备，很多专业类外语院校在"多语种＋"模式方面做出积极探索。以北京外国语大学、上海外国语大学为例，它们在此方面进行了充分的设计和论证，相关"多语种＋"模式均已启动。以俄语作为学习和了解一些国家的媒介语言，与其他语种复合，如"俄语＋乌克兰语""俄语＋哈萨克语"等。上海外国语大学 2017 年 10 月成立了俄罗斯东欧中亚学院。北京外国语大学俄语学院也采用"俄语＋"模式，建设包括中亚国家语言在内的 8 个语种人才培养机制。当然，这些高校也在努力将俄语跟其他一些专业复合，比如上海外国语大学本身有政治学，它可以做一个多语种加上政治学科。但因为专业类外语大学本身都是以外国语言文学一级学科作为唯一或主要建设学科，其非外语类专业的专业力量和资源有限，很难形成真正的多专业复合，因而语种和语种的复合是其最主要的发展趋势。

3. 综合性大学在努力摆脱单一的文学文化研究传统，开始向区域国别研究拓展，从以语种为专业导向的培养模式向以区域为导向的培养模式转变

综合性大学的俄语语言文学学科努力摆脱单一的文学文化研究传统，向区域和国别研究拓展。北京大学、南京大学、复旦大学、浙江大学、黑龙江大学等都在不同程度上加强了对现当代区域与国别研究的力量，在机构设立、人才引进方面均有举措。例如，素有俄语教育传统的黑龙江大学，从大俄语的角度出发，成立俄语学部，整合所有与俄语学科相关的资源，统领包括俄语学院、俄罗斯研究中心、中俄学院、中俄联合研究生院、外语教学研究部（应用外语学院）的大学俄语和商务俄语教学等多家机构，共同从事与俄语相关的人才培养和教学研究工作，为多层次、全方位研究俄罗斯展开了富有成效的探索。同时，相关外语类大学，在区域与国别研究方面也有相当大的投入，出现"俄语＋人文/社科专业"的人才培养模式，设立科研机构，进行智库建设。在此方面，专业外语类大学与综合性大学的区分度越来越低，呈现出同质化的倾向。

4. 探索新的人才培养模式：外国语言文学一级学科与其他学科进行学科交叉，探讨复合型、交叉学科语言人才的培养

以北京大学为代表的综合性大学，除发挥自身优势、瞄准国家需求进行相关研究之外，以研究带团队、以课题培养专门人才是其进行学科建设、为国家服务的重点。需要重新认识和定位外语的作用：外语不仅仅是工具，更是一个研究通道。人才培养的重点是本科生、硕士研究生和博士研究生的教育和培养，科学设计交叉学科和专业方向，如"外（语）＋外（涉外研究的专业：外国历史、外国文化、外国宗教、国际关系、对外传播等）"专业，探讨复合型研究人才培养的途径、条件、方式、方案、课程体系、质量标准，为相关人才培养提供最基本的理论基础和物质准备，并在实践中尝试建设相关人才培养基地。

目前北京大学已经成功设立"古典语文学""外国语言与外国历史专业""外国语言与外国考古专业""外国语言与外国哲学专业"等，将外语教学与专业教学进行完美衔接。比如，选择"外国语言与外国历史专业"的学生，既要按照历史系的规定掌握相应的历史学专业知识，又要按照外国语学院的要求修完基本的外语专业课程，修满规定学分后方可毕业。这其中，外国语言不仅仅指英语，还包括德语、俄语、法语等语种，同时学生也会学习外国政治、文化、管理、教育、传媒等方面的知识。通过新的复合专业的设立，打通外语与某一专业之间的隔阂。

另外，北京大学外国语学院目前已经自主设立了"国别和区域研究"二级学科，开始着手相关专业的硕士生和博士生培养，俄罗斯和中亚研究是其中一个重点建设领域。希望能够借助北京大学的综合学科优势和师资队伍，建立交叉学科平台，创新培养模式，培养涉俄、涉中亚的各类人才。

上述对新型人才培养的探索，反映了中国高校励精图治，为配合国家战略需求不断调整自己的学科定位、人才培养模式和方案。事实上，传统俄语人才培养与新兴方向人才培养，在高校形成了既有人才培养体系和应急语言人才培养体系的相互交叉与支撑。

结　语

高校对俄语人才培养所做出的探索，是对长久以来形成的俄语语言文学人才培养传统的突破，目前尚处在尝试的阶段。现在我们已经充分认识到，熟练使用一门外语去进行第一手资料研究的重要性。我们可以拿到最重要的第一手资料，立足我们的需要，用我们自己的研究方法、理论体系去进行研究，避免受到别人预设的价值观和预设的结论的影响。也正因为如此，我们希望得到各界专家的指导，帮助我们在培养传统的俄语语言文学人才的同时，培养一批能够对接其他领域、服务国家战略的区域国别研究人才。

另外需要注意的是，尽管不少高校建立了国别和区域研究中心，将其定位为智库，但不容忽视的是，高校最重要的使命是人才培养和科学研究，科学研究首先必须是基础性和前瞻性的科学研究。智库成果应该是基础性科学研究的副产品，不能本末倒置。只有做好深刻的基础研究，才能够应对未来不断产生的新问题，获得源源不断的理论支撑。否则，只为一时之需荒废基础研究和颠倒本末的话，我们将没有一个更长足的力量去发展我们的学科。

因此，我们在思考自身责任的时候，必须明确自身的定位、特色和优势，同时又不能仅仅囿于自身的优势，要有更为广阔的视野，不仅为今日国家之需要培养人才，更要为国家的未来培养人才，不能急功近利，因此在俄语人才培养上要有更高远的目标、更长远的顶层设计。俄语人才培养任重而道远。

综 述

第九届俄罗斯东欧中亚与
世界高层论坛会议综述

执笔人：刘博玲*

  2017 年 11 月 30 日，中国社会科学院俄罗斯东欧中亚研究所和中国俄罗斯东欧中亚学会共同主办的“第九届俄罗斯东欧中亚与世界高层论坛”在北京举行。来自外交部欧亚司、商务部、国务院发展研究中心、中国社会科学院俄罗斯东欧中亚研究所、中国国际问题研究院欧亚所、中国国际关系研究院俄罗斯研究所、中国军事科学学会国际军事分会、俄罗斯中国总商会、北京大学、北京外国语大学、复旦大学、辽宁大学、武汉大学等国内各学术单位和相关机构的近百名学者共聚一堂，就当前俄罗斯东欧中亚地区的总体局势和热点问题进行了研讨。大会由中国社会科学院俄罗斯东欧中亚研

---

　　* 刘博玲，中国社会科学院俄罗斯东欧中亚研究所俄罗斯政治社会文化研究室助理研究员。

究所党委书记李进峰主持，研究所所长兼中国俄罗斯东欧中亚学会会长李永全致辞。

外交部欧亚司吉树民参赞首先就 2017 年欧亚地区形势做了主旨报告。他回顾了 2017 年在国际格局发生深刻变化的情况下中国同欧亚地区国家的双边及多边合作情况，指出了 2018 年外交工作的新任务。他认为，在过去一年中国同欧亚地区国家的传统友好合作关系取得新的重要进展。这主要表现为中国同欧亚地区国家的政治互信进一步巩固，务实合作取得新成效以及"一带一路"建设在欧亚地区取得新进展。在谈到 2018 年对欧亚地区国家外交面临的新任务时，吉树民参赞指出，要按照党的十九大对外交工作的总体部署，践行"亲诚惠容"的周边外交理念，继续巩固同欧亚地区国家的传统友好合作关系，共同推进"一带一路"建设，携手构建新型国际关系和区域命运共同体。

主旨报告后，与会专家学者围绕 2017 年欧亚地区战略态势，2017 年俄罗斯政治，经济与外交形势，2017 年俄罗斯东欧中亚的前沿问题研究三个议题发表了自己的观点，并对相关问题展开了热烈的讨论。

一 2017 年欧亚地区战略态势

1. 当前中俄美三角关系

俄罗斯东欧中亚研究所研究员柳丰华认为，当前三组双边关系的基本状况是中俄关系好于中美关系，中美关系好于俄美关系。他认为中俄美三角关系第一个发展趋势是，中俄美三角关系在相当长时间内仍将存在，长期看呈现中美两极化趋势。中美经济实力不断接近，两国把俄罗斯越甩越远。第二个趋势，从中近期看，三角关系呈现中俄在有限领域反制美国的态势；从长期看，三角关系的趋势是美中两国战略竞争不断加剧，俄罗斯可能对中美两国采取层层推进、两头渔利的政策；长远地看，美国有可能在中俄当中采取扶弱抑强的策略，也就是联合俄罗斯，遏制中国。第三个趋势，从中近期看，中俄美三国博弈的重点仍在地区层面，也就是亚洲和独联体地区。第四个趋势，中俄美三国博弈的领域是全方位的，其中的重点仍在经济和地缘政治领域。

陈学惠教授则认为今天的中美俄三角关系里面的每一对双边关系都具有相对的独立性，未必一定是拿另外一对关系做抵押。这三个大国的关系当中，最能动的因素是中国，中国已经不是三角关系当中那种"四两拨千斤"的角色了，而是具有塑造能力的大国。

2. 欧亚地区推进"一带一路"的进展情况

商务部欧亚司综合处处长杨皓指出，欧亚地区是"一带一路"倡议中的核心区域，中国与欧亚12国的务实合作呈现出全方位、多领域的发展格局，在整个"一带一路"建设合作中起步早、共识多，早期收获很丰硕，示范效果明显。她也谈到了推进"一带一路"建设面临的一些风险和问题，比如地缘政治风险和安全风险、资金瓶颈，以及制度建设还需要亟待完善。

3. 中亚形势的新特点和新趋势

吴宏伟研究员主要从三个层面——政治社会文化层面、经济层面和外交层面对这一问题进行了分析。他认为，2017年中亚地区保持了相对稳定的状态，没有发生大的恐怖袭击事件，是比较安静的一年。在经济层面，中亚国家变化挺大，各国基本上都保持了经济的稳定和发展，其中哈萨克斯坦亮点比较突出。外交层面主要表现在一方面有"抱团取暖"现象，特别是在乌兹别克斯坦新总统上台以后，乌与周边国家的关系得到了很大改善；另一方面，中亚国家间原有的一些基本性矛盾还没有发生根本性的改变。

许涛教授主要谈了乌兹别克斯坦总统的新政及其对中亚地区的影响。他将乌兹别克斯坦新总统米尔济约耶夫推出的一系列新举措归纳为三个方面：其一，政治上，米尔济约耶夫对总统权力核心，即总统办公厅的功能进行了调整；其二，官员方面的调整，新总统几乎每个月都要颁布一个关于官员任免的总统令；其三，对强力部门的权力进行压缩。他认为，米尔济约耶夫的新政一方面得到了老百姓的普遍支持，另一方面完成了他的团队构建。目前乌兹别克斯坦经济比较平稳，对外政策的优先发展方向是中亚，但并不局限于中亚，新总统的外交是全方位的。杨成教授认为，从乌兹别克斯坦本身来讲，非常强烈排斥中亚一体化概念，虽然新总统在外交上表现了对中亚邻国的善意，但其国内政治进程其实与卡里莫夫时期没有本质的区别，国内政治因素到底会怎样影响其对外政策，特别是与其他中亚邻国的合作仍有待观察。

4. 扩员后的上合组织面临着新形势新任务

中国国际问题研究院欧亚所所长陈玉荣研究员指出，2017 年 6 月阿斯塔纳峰会之后，上海合作组织完成了成员国的首次扩容。上合组织扩员扩大了组织本身的地域范围，提升了上合组织的地缘政治影响力和意义，扩展了上合组织经济合作的空间，也标志着上合组织翻开了新的篇章，但是扩员也给上合组织的未来发展带来了空前的考验。她指出，上合组织扩员后主要面临以下几方面的主要问题：其一，成员国的团结问题空前突出，随着印巴的加入，成员国相互关系将趋于复杂，其中印巴矛盾由来已久，中印关系的复杂性在两国军人洞朗地区对峙之后更加凸显；其二，协商一致原则有可能被新老成员国用作维护自身利益的工具，从而导致组织框架内越来越多建设性的倡议和决策被搁置；其三，上合组织的安全合作、经济合作的驱动作用有弱化的趋势；其四，"一带一路"建设中，上合组织的平台作用受阻，印度借口克什米尔地区争端问题反对建设中巴经济走廊，而中国把中巴经济走廊作为"一带一路"项目中的旗舰项目。她认为印度的加入不仅仅有负面影响，也有积极的影响。中国中资企业非常看好印度市场，在服务贸易以及多边管理、全球治理这方面印度也是可以发出自己声音的。她呼吁上合组织未来发展要继续坚持安全和区域经济合作双轮驱动。

二 2017年俄罗斯政治、经济与外交形势

1. 政治形势

庞大鹏研究员从俄采取的举措和面临的挑战两个层面谈了对当前俄罗斯形势的理解。他指出，俄罗斯现在处于2016年国家杜马选举与2018年总统大选的过渡期，这个时期俄罗斯政治面临不少挑战，但是普京平稳地度过了这个过渡期，实现了俄罗斯政治的稳定。他认为，2017年俄罗斯主要是从政党制度的建设、政治空间的管理以及对恐怖主义和"颜色革命"的严控这三个方面着手来实现政治稳定的。他认为，当前俄罗斯面临两个挑战：第一个挑战是俄罗斯精英阶层内部的分裂问题；第二个挑战是普京政府现在内政经济外交完全固化在一起，使得俄可供调整的空间狭小。俄罗斯现在的政治经济外交完全联动，深刻地互为影响。庞大鹏研究员还指出，在研究俄罗斯问题时要注意普遍性和特殊性的问题，应该从全球的眼光来看俄罗斯，这样才能看清俄罗斯的发展前景和发展动力。

2. 经济形势

徐坡岭研究员介绍了2017年俄罗斯的经济形势。在宏观经济方面，他认为俄罗斯的宏观指标已经走出外源性危机和周期性危机，但是结构性危机的根源仍然存在。进口替代方面，食品和最终消费品的产出比较好，国内零售市场上进口商品的比例下降，国产商品市场占有率已经很高；中间工业原料和机械设备的进口替代停滞而且出现逆转。俄罗斯当局希望实行刺激性的货币政策。

程伟教授同意徐坡岭研究员对2017年俄罗斯总体经济形势的概

括。他认为，2017 年俄罗斯经济形势好于预期。他指出，2017 年俄罗斯巩固了宏观经济稳定的局面，也初步走出了"零增长"的陷阱。但是，如果对俄罗斯主要的经济指标或者经济表现进行深度观察，就不难发现，事实上俄罗斯经济仍然面临相当严峻的挑战，其形势不容盲目乐观。

李中海研究员提出应该加强对俄罗斯经济政策的跟踪研究。他对 2017 年俄罗斯经济政策方面的内容进行了补充。在货币政策方面，2017 年俄罗斯中央银行连续 5 次降息，把关键利率从 10% 下调到 8.25%；改变了自由浮动汇率政策，实行新的汇率干预制度；银行系统进行了调整，让银行业中一些大的银行做强、做大，让中小银行中一些实力不强的小银行破产。在财政政策方面，俄罗斯继续实行紧缩性财政。在产业政策方面，国家向重点行业、重点领域和中小企业提供资金、信贷优惠和投资方面的支持。李中海研究员认为，俄罗斯经济主管部门在经济政策制定方面做了很多工作，对经济增长起到一定的作用。陆南泉研究员同意李中海研究员对俄罗斯经济政策的解读。他进一步指出，2017 年俄罗斯的经济政策没有把增长放在第一位，而是把稳定放在第一位。俄经济保持稳定主要有两个因素：第一，压制通货膨胀，努力把通货膨胀压下去；第二，平衡预算，采取适度的紧缩政策。他认为俄罗斯经济不会发展得很快，将来俄罗斯的能源优势、油气优势将大大弱化。

童伟教授补充了俄罗斯的财政预算情况。她认为，2017 年俄罗斯的预算执行好于预期，预算收入比预期增长 10%，其中油气收入增长了 15%，非油气收入增长 6%，这样的增长状况对于改善俄罗斯的预算平衡发挥了比较大的作用。

3. 外交形势

李新教授认为，俄罗斯的对外经济政策与其整个对外政策是一致的。他认为，乌克兰危机迫使俄罗斯"向东转"，中国提出的"一带一路"倡议对俄罗斯形成了严峻的挑战，2016 年俄罗斯的"向东转"逐渐形成了一种对中国依赖不断加强的情况，俄罗斯对此非常警惕。在此背景下，瓦尔代俱乐部提出了一个大欧亚的构想，它的目的就是要控制整个欧亚大陆，利用"一带一路"资源壮大欧亚经济联盟，形成所谓大欧亚共同体，成为与西方对立的地缘政治集团。他认为，俄罗斯的目的已经得逞，上合组织扩员是其关键步骤。

盛世良研究员不同意俄罗斯把印度拉进上合组织是为了形成二对一态势，以对付中国的看法。他认为，上合组织对中国的首要意义在安全领域，并且上合组织成员国在经济方面对中国的作用无可替代。他认为俄罗斯拉印度对付中国的看法有失偏颇。他指出，对俄罗斯来说，中国的意义远远大于印度。中国与俄罗斯的战略依托关系、地缘经济关系，以及中俄经贸合作水平、中国在金融上能为俄罗斯提供的协助、中俄领导人的亲密互动、中俄密切的人文交流、中国在国际上的分量，都是印度所不能与之相提并论的。并且印度也是外交相对独立的国家，它既不可能完全倒向美国，也不可能彻底倒向俄罗斯。

冯玉军教授首先讲到了 2017 年俄罗斯外交的突出亮点，比如，俄罗斯保持了在叙利亚的军事存在，在一定程度上调整了中东地区的格局，建立了以俄罗斯为核心的多重关系网络；"向东转"的政策持续推进，在一定程度上缓解了俄罗斯自乌克兰危机以来所面临的外交困局，俄日关系以及俄罗斯和越南的关系在加紧重塑，俄罗斯在积极地参与朝核问题的调解，尽管发挥的作用非常有限；同时在多边领域，俄罗斯在发展和东盟的关系、发展同欧佩克的经济合作方面也表现出极大的努力；中俄关系取得持续进展，高层交往保持了非常高的频率。但是这些局部亮点无法掩盖俄罗斯外交深层次的阴霾。冯玉军教授认为俄罗斯外交所面临的深层次问题主要集中在三个问题上。第一个问题是俄罗斯的大国雄心和实力下降之间所存在的巨大张力究竟会把俄罗斯引向何方？第二个问题是内政和外交的互动究竟会给俄罗斯带来什么？第三个问题就是俄罗斯的身份模糊，它究竟是一个全球性的大国，还只是一个地区性的强国？究竟是一个现代性的民族国家，还是一个帝国？究竟是一个西方国家，还是要做一个大欧亚的国家？

4. 欧亚伙伴关系

王海运将军对欧亚伙伴关系的提法持积极、肯定、正面的评价，他认为大欧亚伙伴关系不是对"一带一路"的冲击，而是与"一带一路"相向而行。双方理念都是推动欧亚地区国家的共同发展，实现互联互通。二者都是开放的。

陆南泉研究员不同意大欧亚主义的说法。他认为，大欧亚主义在俄罗斯还在议论阶段，他对欧亚经济联盟的牢固性以及其能否发挥作用表示怀疑。

5. 历史问题

吴恩远研究员讲到研究历史问题对研究当前问题的重要性。他认为，普京对俄罗斯历史持尊重的态度，对十月革命持肯定的态度，普京的总体思想是通过庆祝十月革命和二月革命，一方面使红军的后代和白军的后代达成和解，促进社会和谐，另一方面防止"颜色革命"。

三　2017 年俄罗斯东欧中亚的前沿问题研究

1. 中俄关系问题

王海运将军认为要充分认识中俄关系的重要性和复杂性。他认为，我们应当认识到俄罗斯在我们战略全局中具有多方面的战略价值，为了更好地运筹对俄关系，要认识中俄关系的复杂性，如战略文化的巨大差异、俄罗斯的大国主义等。在涉俄舆论上，要进行舆论引导，夯实两国关系的民意基础。

2. 中白关系的现状和前景

赵会荣研究员认为，在政治领域，2013 年中国与白俄罗斯建立了全面战略伙伴关系，现又提出要发展相互信任、合作共赢的全面战略伙伴关系以及全天候友谊，双边关系不断提升。在"一带一路"框架下，中国与白俄罗斯的合作也非常顺利，白俄罗斯积极支持"一带一路"倡议。在经济方面，从整个欧亚地区看，中白贸易额，以及中国对白俄罗斯的投资都处于中下游的位置。在军事技术领域，中白双边合作的规模不及中俄及中乌，但是合作深度可以与之相提并论。人文领域的合作如火如荼。赵会荣研究员认为，中白经贸合作具有一些关键性的有利因素，决定了双方合作会有较大的提升空间。尽管如此，但因为面临一些不利因素，合作的过程中也会遇到很多困难和风险。

3. 中东欧形势

高歌研究员主要谈了三方面的问题。第一，中东欧国家的政治发展。她认为，民主制度经过将近 30 年的发展，在中东欧地区运转正常，国家通过选举实现权力交接，政府变动也是在民主制度的框架内进行。但与此同时，匈牙利和波兰又出现了所谓的民主倒退现象。第二，中东欧国家与欧盟的关系。她认为，一方面一些中东欧成员国与欧盟发生争议；另外一方面，西巴尔干国家仍继续争取加入欧盟。第三，中东欧国家与北约的关系。高歌研究员认为，这个关系 2017 年延续了近些年来的趋向，就是军事合作进一步密切。最后，她总结了近年来中东欧国家的发展趋势——既坚持民主制度，又出现民主倒退；既坚持欧洲大西洋一体化，又与欧盟发生争议。这表明中东欧国家在内政外交方面回归欧洲的同时，越来越注重本国的实际，强调本国的利益，因而在内外政策上越来越有自己的特色。

4. 中俄合作进入新拐点，出现新机遇

马友君研究员认为，中俄现在的区域合作难以支撑中俄全面合

作。中俄的贸易额与中俄两国目标的差距没有缩小，反而加大了。对俄经贸合作的方式到了需要改变的时候，到了需要往正确方向或者往合理方向转变的时候。他认为，我们当前对产业合作关注不够，中俄合作只靠经贸合作而没有产业合作做支撑，路会越走越窄。在中俄合作过程中，马友君认为应该注意调整对俄投资心态，不能盲目投资，要充分了解俄罗斯的法律、俄罗斯的理念和当地情况。除此之外，他还认为，口岸是中国对俄合作的输出点，应该是中俄合作的一个枢纽，但是当前口岸的枢纽作用比较弱。

5. 2017 年哈萨克斯坦的形势

丁晓星研究员介绍了哈萨克斯坦梦——纳扎尔巴耶夫在 2012 年底提出的 "2050 战略"，即到 2050 年进入世界前 30 强，实现国家的现代化。丁晓星研究员认为，哈萨克斯坦这几年的工作主要是围绕怎样落实 "2050 战略" 展开，今年的哈政府主要有五大工作：一是第三次现代化，主要指落实 "2050 战略"，找到新的经济增长模式；二是宪法改革，重点是建立更加均衡的权力架构，总统向政府和议会移交 40 多项权力，由议会多数派来组成政府；三是社会意识现代化；四是文字改革，纳扎尔巴耶夫 2017 年 10 月 26 日签署命令，到 2025 年前全部出版物要使用拉丁字母；五是进取外交，这一年哈萨克斯坦国际地位大幅上升。

6. "一带一路" 建设与高校俄语人才培养

宁琦教授认为，在当前中俄合作和交流进入深层次的背景下，高校俄语专业除了要发挥现有的人才培养和科学研究的优势之外，必须要思考如何顺应时代的发展和国家的需要，确定和调整发展的重点，探索符合国家发展和长远利益需要的人才培养模式和科学研究课题，为中国俄语教育和研究赢得新的发展机会。借助俄语工具还可以推动中国和 "一带一路" 覆盖的使用俄语国家间的思想和文化交流，促进不同文化间的多维沟通和交流，推动和提升与使用俄语国家的命运共同体意识。她指出，当前中国俄语教育的状况是一种萎缩的趋势，人才培养的质量和数量两方面都在萎缩。她认为，当前俄语教育难以适应国内建设需要，特别是不能够适应中俄之间国际合作与交流的需求。另外，俄语人才的培养和定位方向非常单一。她认为，我们急需真正掌握俄语的人才，应该有更多的人到俄罗斯和使用俄语的国家对我们开放的自然科学、高科技领域去汲取必要的专业知识。

最后，俄罗斯东欧中亚研究所李永全所长对此次论坛做了总结。李所长总结了 2017 年论坛的特点，如议题设计兼顾地区和整体形势，并且预留了充分时间给大家自由讨论。李所长就论坛上的发言与大家的讨论提了几点想法，他认为，党的十九大以后中国的形势发生了变化，同时带动地区和国际形势也发生了变化；研究国际问题不仅要从中国的角度，还应该从双边、多边和全球的视野来看待问题。最后，李所长指出，"一带一路"倡议提出以后，欧亚学界需要更多跨学科的研究。

图书在版编目（CIP）数据

俄罗斯东欧中亚与世界：高层对话辑要. NO.1／李
永全主编. -- 北京：社会科学文献出版社，2018.5
ISBN 978 - 7 - 5201 - 2527 - 7

Ⅰ.①俄…　Ⅱ.①李…　Ⅲ.①俄罗斯 - 研究 ②东欧 -
研究 ③中亚 - 研究　Ⅳ.①D751 ②D736

中国版本图书馆 CIP 数据核字（2018）第 063924 号

俄罗斯东欧中亚与世界
——高层对话辑要（NO.1）

主　　编／李永全
副 主 编／王晓泉

出 版 人／谢寿光
项目统筹／祝得彬
责任编辑／张苏琴

出　　版／社会科学文献出版社·当代世界出版分社（010）59367004
　　　　　地址：北京市北三环中路甲 29 号院华龙大厦　邮编：100029
　　　　　网址：www. ssap. com. cn
发　　行／市场营销中心（010）59367081　59367018
印　　装／三河市龙林印务有限公司

规　　格／开 本：787mm × 1092mm　1/16
　　　　　印 张：13　字 数：171 千字
版　　次／2018 年 5 月第 1 版　2018 年 5 月第 1 次印刷
书　　号／ISBN 978 - 7 - 5201 - 2527 - 7
定　　价／79. 00 元

本书如有印装质量问题，请与读者服务中心（010 - 59367028）联系

▲ 版权所有 翻印必究